Bauen
für
Demenz

Bauen für Demenz

Christoph Metzger

jovis

Vorwort

Bauen für Demenz entstand als Fortsetzung der an der BTU Cottbus verfassten Schrift *Architektur und Resonanz*. Zahlreiche Impulse haben meine Sicht auf Phänomene der Architektur sowie die Wahrnehmung ihrer sensorischen Qualitäten seither immer wieder verändert. Körper von Gebäuden habe ich als Ensemble zu interpretieren gelernt, auf die der Mensch mit seinem eigenen körperlichen Sensorium reagiert. Schwingungsfähige und angeregte Körper waren mir dabei bislang eher aus der Praxis der Musik sowie der Klangkunst bekannt. Diese noch junge Gattung der Kunst wird an der Hochschule für Bildende Künste Braunschweig seit 2004 durch Ulrich Eller auf international anspruchsvollem Niveau gelehrt. Seit 2006 erforschen wir gemeinsam in Theorie und Praxis das Feld. Die hieraus entwickelten Projekte der Klangkunst beziehen sich auf architektonische Räume und Landschaften. An historischen Orten – wie Kirchen, Klosteranlagen, alten Fabrikgebäuden, Museen und einer Bootswerft bei Usedom, wo noch vorwiegend Holz verarbeitet wird – haben wir zahlreiche Projekte durchgeführt. Regelmäßige Exkursionen zur Architekturbiennale Venedig haben Konzepte mit Klang im Raum angeregt, die schließlich zu Erfahrungen mit multisensorischen Eigenschaften von Räumen geführt haben. Wir gehen mit diesen sensuellen Erfahrungen über eine Praxis hinaus, die sich dem Hören, Sehen oder Schmecken in Traditionen monosensorischer Kultur nähert.

Heute wissen wir mehr über die Räume, die uns umgeben, prägen und sensorisch beeinflussen. Zu behaupten, wir hätten beide, von der Gitarre kommend, über die Klangkunst neue Wege in die Architektur gefunden, trifft die Sache vielleicht am besten. So wie Musiker auf ihren Instrumenten eine

Form virtuoser Bewegung erlernen, die sich tief in die Prägung ihrer Gehirne einschreibt, so wirken auch die Klänge von Räumen, die wir intuitiv erfassen, auf unser Gehirn: Es bilden sich regelrechte Pfade. Durch die ewige Wiederholung gleicher Wege im Haus und in der Umgebung verinnerlichen wir diese so stark, dass wir nach Jahren in der Lage sind, uns ohne jede optische Orientierung durch die Räume zu bewegen. Neurowissenschaftliche Forschungen haben belegt, dass im Bereich der Architekturpsychologie die gleichen Prozesse vorliegen wie bei erlernten Bewegungen beim Instrumentenspiel. Bewegungen schreiben Muster in unsere Gehirne ein, Räume und Landschaften werden gewissermaßen in unser Gedächtnis eingraviert, ähnlich einer Zeichnung, Partitur oder Karte mit Straßen und Wegen. Werden nun im Gehirn, bedingt durch Unfall oder Krankheit, bestimmte Areale deaktiviert, so schaltet sich eine Art automatisches Reparatursystem ein, das Aktivitäten, die dem geschädigten Bereich des Gehirns zugeschrieben sind, in ein anderes Areal verlagert. Diese unglaubliche Leistung, die erst vor wenigen Jahren von der Neurowissenschaft entdeckt wurde, kann herangezogen werden, um Fähigkeiten, die durch Unfall oder Krankheit aus medizinischer Sicht noch bis vor Kurzem als unwiederbringlich verloren galten, neu zu lernen. Die Fähigkeit des Gehirns, selbstständig Areale zur Verfügung zu stellen, ist bei denjenigen Menschen besonders deutlich ausgeprägt, die in ihrem Leben bereits anspruchsvolle motorische und kognitive Leistungen vollbracht haben. *Bauen für Demenz* nutzt diese Erkenntnisse und überträgt sie in einen Katalog von Forderungen an die Architektur. Doch das ideale Haus für Menschen mit kognitiven Einschränkungen gilt es noch zu bauen.

Wir aber gehen auch nach *Bauen für Demenz* weiter und werden uns in Zukunft jenen architektonischen Orten widmen, denen klaustrophobische Wirkung zugeschrieben wird; etwa Räume, in denen sich Kinder, Jugendliche und junge Erwachsene mit ihrem gesunden Bewegungsdrang zu Recht eingesperrt fühlen. Die Gründe dafür liegen größtenteils in den Gebäuden und Strukturen. Wenn Erwachsenen und älteren Menschen Bewegung vorenthalten wird, beginnen diese meist, unterbewusst zu leiden und erfahren solche Räume und deren Umgebung als feindliche Orte, denen sie entfliehen wollen. In der Regel werden sie dann aber heute noch umfangreich pharmazeutisch behandelt, wie jene hyperaktiven Kinder und Jugendlichen, die mit fragwürdigen pharmazeutischen Produkten schließlich stillgestellt werden.

Bauen für Demenz zeigt den Weg in eine Architektur der Zukunft, die sich von den Zwängen jener funktionalistischen Architektur zu befreien sucht, die uns seit den 1950er Jahren in Praxis und Theorie als eine schwere Last auferlegt worden ist.

Architektur
neu denken

Dieses Buch ist das Ergebnis einer Suche nach einem neuen Denken von Architektur. Es geht um Bauwerke und die durch sie angelegten Räume der Bewegung. Nicht nur, aber vor allem für eine alternde Gesellschaft. Die Recherchen zum Thema haben mein Denken über das Leben im Alter und die in dieser Lebensphase zunehmend notwendig werdenden körperlichen Tätigkeiten und Bewegungen drastisch verändert. Denken in Architektur bedeutet ein Sich-einrichten-Können in einer Umgebung mit bergenden Räumen, um im leiblichen Wohnen zu Hause zu sein.[1] Die hier zum Tragen kommende Metaphorik ist in wesentlichen Teilen einer Phänomenologie des Körpers verpflichtet und überträgt diese auf die Architektur. In Erweiterung bestehender Entwürfe wird *Bewegung* als zentrales Motiv eingeführt. Zunächst aber werden Geborgenheit und Wohnen als Einheit gedacht. Es wird im Verlauf aufgezeigt, dass altersgerechte Formen des Wohnens anfangs nur einen unwesentlich höheren finanziellen Aufwand erfordern, der berechtigt ist. Gute Architektur erhält nicht nur im Alter die Gesundheit. Sie rechnet sich in allen Bereichen, immer vorausgesetzt, dass Bewegung durch die Anlage des Gebäudes in dessen Innen- wie Außenbereichen gefördert wird und die

Motivation über lange Zeiträume erhalten bleibt. Auf der Suche nach einem Haus des Altenwohnens in Vals, Graubünden, dem Ort, der in der Welt der Architekten durch Peter Zumthors Felsentherme bekannt ist, wurde meiner Frage nach dem Altenhaus nur mit Kopfschütteln begegnet. Die Menschen im Ort bleiben bis zu ihrem Lebensende in ihren Häusern mit den Nutzgärten. Ein in den 1990er Jahren errichtetes Haus für die Alten steht fast leer. Es besteht kein Bedarf. Das Bild der Alten in Vals begleitet mich, es deutet Grundlagen guten Wohnens an, die in Ansätzen und mit Modifikationen auch in urbanen Regionen realisierbar sind.

Phänomene

Mein Plädoyer gilt einem radikalen Wandel, einem grundlegend neuen Verständnis des Altenwohnens, das aktuell noch dazu angelegt ist, Bewegung im Haus und dessen Umgebung eher zu verhindern anstatt zu fördern.

Es benennt dramatische Fehler der Vergangenheit, die bis heute fortwirken und das Wohnen im Alter zu großen Teilen bestimmen. Es zeigt aber auch Alternativen auf: Architektur wird als potenzieller Bewegungsraum betrachtet, der kommunikative und motorische Anregungen zu bieten vermag. Damit entspräche Architektur dem biologischen Plan des Menschen, dessen Organismus in allen Lebensphasen nur durch regelmäßige Wechsel von Bewegung und Ruhe sein stabiles Gleichgewicht erhält – was ein gesundes Leben in allen Phasen und vor allem im Alter überhaupt erst möglich macht. Veränderungen in Richtung eines altersgerechten Wohnens bei einer frühen Planung von neuen Gebäuden machen die Beteiligung sämtlicher Gruppen nötig. Es gilt, Bewegung der Menschen im Gebäude nicht nur als selbstverständlichen Bestandteil zu integrieren, sondern zum Zentrum der Planung zu machen.[2] Stimulierende Wege für die Bewohner und kurze Wege für die Pflegekräfte bilden Anforderungen, die frühzeitig bei der Planung berücksichtigt werden sollten. Architektur mit guten Raumplänen und sensorisch wirksamen Materialien werden unweigerlich im Bereich der Altenpflege zum Schlüssel für ein würdiges Wohnen im Alter. Bewohner, pflegende Menschen und Angehörige profitieren gleichermaßen davon.[3]

Details der Möblierung und Ausstattung werden unter dem Aspekt der Ergonomie und sensorischen Qualität ebenso behandelt wie die funktionalen Elemente von Tür- und Fenstergriffen, Schaltern, Armaturen im Badezimmer sowie Handläufen. Ein weiterer Bereich gilt der Haustechnik und deren Möglichkeit einer individuellen Belüftung und Klimatisierung. Der Versorgung mit für das Alter angemessenen Lichtquellen gilt das Interesse genauso wie der Ausstattung mit Medien und der Einbringung von Schallschutzmaßnahmen. Wärmezonen und absorbierende Flächen werden ebenso berücksichtigt wie Attraktionen, die Bewegung anregen – idealerweise mit dem Wechsel der Jahreszeiten verbunden. Ebenso wichtig wie Details sind die Beschaffenheit der Topografie, das vorherrschende Binnenklima sowie die Standorte der Häuser. Zentren sind zu bevorzugen, Gebäudekomplexe außerhalb von Städten müssen in Strukturen örtlichen Lebens eingebettet sein, Randlagen sind möglichst zu meiden, die Anbindung an den öffentlichen Nahverkehr wird vorausgesetzt.[4] Was in den Niederlanden bereits als Raumkonzept für besonders anregende Räume aus der Installationskunst und den Stimulanzien des Cannabiskonsums[5] in die Altenpflege übernommen wurde, kann aufgegriffen, weiterentwickelt und um historische Ansätze erweitert werden, wenn es um überdachte Wandelgänge und sensorische Attraktionen von Kurorten geht.

Ortsverschiebungen, Translokationen sind nicht nur in der Kunst des späten 20. Jahrhunderts als Verfahren bekannt, nein, bereits viel früher wurden Orte simuliert, die es so nicht wirklich geben konnte. Ich erinnere mich daran, dass meine Großeltern in den 1950er Jahren ihre Spaziergänge am Waldrand in einer besonderen Meeresluft machten – nicht nur an der Küste der Nordsee, sondern auch in Bad Orb in einem Gradierwerk. Salzhaltig mineralisierte Luft rieselt dort in langen Gängen an Schwarzreisig herunter, verdunstet und kühlt. Eine ähnlich frisch-belebende Atmosphäre wie eine Meeresbrise entsteht auf dem Gelände, das wie ein Plateau mit alten Laubbäumen im Kurpark angelegt ist. Das Gradierwerk im Naturpark Spessart des Main-Kinzig-Kreises hat Gesundheit und Wohlbefinden meiner Großeltern gefördert. Die Anlage, im Jahr 1806 errichtet, funktioniert noch heute und zählt, neben dem Panorama der Skyline von Frankfurt am Main, zu den bauhistorisch bedeutendsten Werken in Hessen.

Bauen für Demenz ist von der Überzeugung getragen, einen Beitrag zum notwendigen Wandel[6] im Verständnis und in der Umsetzung des Altenwohnens zu leisten. Die Argumentation speist sich aus Erfahrungen, die systematisch für raumbildende Verfahren geordnet wurden. Allgemein fördern stimulierende Räume das Wohlbefinden, körperliche wie geistige Aktivität, die in täglich zurückgelegten Strecken und Frequenzen von Interaktionen messbar sind.[7] In der Häufigkeit der Kontakte kann oft bereits der mentale Zustand des Menschen empirisch erfasst werden. Der Gang durch die einzelnen Kapitel des Buches verbindet persönliche Erlebnisse im Kontext von Typen der Bewegung, die in Bildern vorgestellt werden. Die kleinen Episoden reichen von der Kindheit bis in die Gegenwart. In manchen Passagen wird dem Leser eine Erzählung geboten, die einer biografischen Perspektive entstammt und Formen des Wohnens sowie Erfahrungen mit Räumen beschreibt. Wohnen, Denken und Sprechen werden als eine Einheit angenommen, Übergänge zwischen Disziplinen erprobt, Forderungen und Konzepte der Demenztherapien aufgegriffen, um in bauliche Kontexte überführt zu werden, die Erinnerungen ansprechen.[8] Dabei wird das Denken als Vorgang des Einschreibens und Vertiefens ins Gedächtnis verstanden, dessen Nervenbahnen in den Hirnrealen als vitale Pfade der Kognition nachweisbar sind.[9] Das Denken der Gedanken wird mit Wegen des Lebens in prägenden Gebäuden und ihrer Umgebung aus der Literatur aufgegriffen und weiterentwickelt.[10] Daher wurde die Gliederung des Buches einer Systematik unterworfen, die mit der Schilderung eines Lebensweges und dessen Räumen beginnt. Ein solches Muster kann sicherlich auf viele Biografien übertragen werden, um individuelle Erfahrungen mit Architektur zu gewinnen. Mag man auch den Gang der Erzählung infrage stellen, die Authentizität der Bilder ist belegt und gesichert. So wie jeder physikalische Körper einen Schwerpunkt hat, so gilt meine Suche dem vergleichbaren Mittelpunkt eines Gebäudes. Das Bild des Herdes als Altar des Hauses kann anschaulich machen, wie sich Räume in Gesetzen der Physik und als Zentrum sinnlichen Erlebens verbinden lassen.[11] Die Schilderungen der Kindheit spiegeln ebensolche Erfahrungen zentraler Orte im Haus. Erinnerung lebt in Räumen und besonders in sensorischen Erlebnissen.[12] Umgekehrt sollen vernachlässigte Anforderungen an Räume benannt und bestehende schlechte Räume unter Bezugnahme auf Michel Foucault kritisiert und mit den Zwangsmaßnahmen von körperlichen Strafen in Zusammenhang gebracht werden. In diesem Kontext gilt der Frage besondere Aufmerksamkeit, inwieweit die strikt funktionalen Formen und das hoch verdichtete Wohnen im 20. Jahrhundert durch die fehlende, vielleicht sogar vorsätzlich verweigerte Ansprache der Sinne negative Auswirkungen auf den Menschen zeitigen. Die Verdichtung von Räumen steht dem Wunsch nach individuellen Freiräumen entgegen; persönliche Bedürfnisse werden programmatisch geleugnet, wenn Menschen gezwungen werden, sich dem Diktat einer Wohnmaschine[13] zu beugen. Die Konsequenzen eines radikalen Funktionalismus des Wohnens[14] werden im Hinblick auf das Altenwohnen thematisiert, alternative Möglichkeiten mit Verweisen auf historische Formen einzelner Gebäudekomplexe aufgezeigt.[15] Helle und belüftete Innenhöfe,[16] geschützte Gärten und Wandelgänge[17] sakraler Komplexe erfahren eine Wiederentdeckung, wenn es darum geht, Räume gezielt für die Bewegung und Kommunikation ihrer Bewohner zu planen. Denken in Architektur wird als Vorstufe und Form raumbildender Reflexion[18] verstanden, an deren Ende als Resultat einer Entscheidungsfindung die Realisierung im Bau steht. Daher werden Angebote im Bereich von Demenzeinrichtungen diskutiert und damit verknüpfte bauliche, psychologische sowie gesellschaftspolitische Dimensionen auf Basis wissenschaftlicher Erkenntnisse erörtert. Besondere Aufmerksamkeit gilt Verfahren aus dem Feld der Therapie für Menschen mit kognitiven Einschränkungen.[19] Auch der Begriff der Demenz und das mit ihm seit den 1980er Jahren verbundene Stigma sollen in ihrer Genese und ihren sozialpsychologischen und gesundheitspolitischen Wirkungsformen diskutiert werden.[20]

Im Rahmen eines Forschungsprojektes, das Fragen räumlicher Orientierung bei Menschen mit kognitiven Einschränkungen gewidmet war, konnten Modelle der Psychologie der Wahrnehmung aufgegriffen werden, um Muster akustischer Gestalterkennung von Räumen in Verbindung mit dem Erkennen von Schallsignalen zu gewinnen. Die gewonnenen Erkenntnisse lieferten Anregungen für Bereiche multisensorischer Architektur mit den notwendigen baulichen Hilfestellungen für Menschen mit kognitiven Einschränkungen. Bedeutsam in diesem Zusammenhang war es, sich regelmäßig in Erinnerung zu rufen, dass die Akte der Wahrnehmung trotz aller stereotypen Vergleichbarkeit individuell erfahren und erlebt werden.[21] Ohne Kenntnis sensorischer Qualitäten der uns prägenden Räume und Orte ist es kaum möglich, eine am Menschen ausgerichtete architektonische Planung mit stimulierenden Momenten zu erstellen. Es galt, den Körper realisierter Architekturen als lebendiges Wechselspiel von Volumen, Material und damit verbundenen klanglichen Eigenschaften, die jedem Volumen einen eigenen Raumklang, eine Resonanz verschaffen, zu denken.[22] Impulse von Klängen im Raum entstehen immer als eine Bewegung, deren Kraft sich einem Luftstrom mitteilt, der den Raum durchwandert und der durch den Raum selbst erst seine Beschaffenheit, die unverwechselbare Färbung seines akustischen Impulses erfährt.[23] Waldenfels interpretiert Räume als beseelte Körper, wenn er vom Leib der Architektur spricht: „Der Raum, in dem wir uns aufhalten, zeigt verschiedene Bedeutungszonen, die der Vielfalt leiblicher Organe und erogenen Körperzonen gleichen. Man lebt nicht einfach im Raum, sondern man tut es auf unterschiedliche Weise. Das bloße Einschlafen verwandelt den Raum in eine Dunkelkammer, in der wir uns nach dem Aufwachen wieder zurechtfinden müssen. Dies gelänge uns nicht, käme der Leib als Hüter des Vergangenen uns dabei nicht zu Hilfe."[24] Im Klang des Raumes erinnert man bereits Erlebtes, der Raum zeigt Potenziale seines Schutzes, der uns in

Erinnerung geblieben ist; wir kehren zurück. Und wir erheben uns aus dem Bett, die zuvor geschlossenen Augen übernehmen wieder die Kontrolle, die Sensibilität des Hörens geht zurück. Körperschall wird nun nicht mehr aus der Horizontalen, nämlich durch das Bett vermittelt, auf den gesamten Körper übertragen, sondern wir empfangen die tiefen Frequenzen des Körperschalls nun vor allem mit den Füßen. Barfuß besser als in Schuhen.

Bewegungen im Raum

Das Gehen im Raum gilt daher, in einer vielleicht neuen Form mit Bezug auf die Architektur, als eine fundamentale Erfahrung, die vom gesamten Körper erlebt wird. Nicht nur mit den Ohren, sondern mit dem ganzen Körper nehmen wir die Resonanzen eines Raumes wahr und orientieren uns besonders in der Dunkelheit daran, natürlich ohne dabei die Geschicklichkeit von Fledermäusen zu erreichen. Nicht nur bei mir, auch bei anderen Menschen erzählt der Gang eine Geschichte. Am Rhythmus der Schritte kann manches abgelesen werden. Vieles hängt von der Kleidung und den Schuhen ab, die zwischen Mensch und Raum eine Atmosphäre erzeugen; die von Mensch und Bauwerk in ihren jeweiligen Klima- und Schallzonen bestimmt werden, welche dann in einem komplexen Verhältnis zueinander stehen. Unsere Bewegungen und das Denken werden durch die uns umgebenden Räume beeinflusst. Volumen, Raumklima, Licht, Tisch und Stuhl senden Appelle an die Sinne, der Körper antwortet mit seinen Zeichen von Entspannung, Konzentration oder Stress. Ebenso reagiert der Gang auf die akustischen Impulse, die von den Räumen reflektiert werden. Im Laufe meines Lebens habe ich gelernt, auf den Gang meiner Schritte und der Menschen der Umgebung zu achten. Am Gang des Menschen und der Haltung des Körpers kann die Verfassung körperlicher und geistiger Zustände des Menschen und anderer Lebewesen meist direkt abgelesen werden.[25] Viele Berichte von Aktivitäten, bei denen von älteren Menschen regelmäßige Spaziergänge veranstaltet werden, weisen auf die Notwendigkeit von Attraktionen hin, die zur Veranlassung des Gehens gezielt eingesetzt werden müssen.[26] Die gemeinschaftliche Pflege einer Parkanlage[27], der Besuch einer Lesung oder eines Cafés sind genauso wertvoll wie das Aufsuchen eines Streichelzoos mit besonderen Schweinen.[28] Immer sind es offensichtlich Ziele, die durch das Gehen erreicht werden müssen. Gehen kann aber auch als Selbstzweck verstanden werden, als bewegte Anregung der Sinne.[29] Sind es im Erwachsenenalter noch unglaubliche 10.000 Schritte,[30] die täglich zurückgelegt werden sollten, so hat sich das Projekt des Caritasverbandes Oberursel im Bezirk Hochtaunus für Senioren das Maß von 3000 Schritten gesetzt, die jeweils an zwei festen Terminen im Monat durch einen gemeinsamen Spaziergang erreicht werden sollen.[31]

Vor dem Bauen kommt das Denken. Gute Architektur ist das gelungene Ergebnis eines Prozesses. Sie ist die Summe vieler Entscheidungen. Handwerkliche Erfahrungen kommen mit der Kenntnis der künftigen Nutzung erst zur vollen Entfaltung. Gute Architektur hat schon oft zur Bewegung motiviert, sie bietet immer die Möglichkeit zur Interaktion mit der Umgebung und stimuliert durch wechselnde Perspektiven, die ihre Bewohner selbstverständlich wählen können.

Teilhabe am öffentlichen Leben und Rückzug in eine schützende Sphäre des Privaten sind für ältere Menschen in unserer Gesellschaft im ländlichen und besonders im städtischen Leben zum Privileg geworden; in den meisten der bestehenden Einrichtungen des Altenwohnens lässt sich kaum noch von der Würde des Alters sprechen.[32] Im Folgenden wird die Entwicklung des Altenwohnens nachgezeichnet, aktuelle Angeboten werden kritisch diskutiert.[33] Modelle des Wohnens im Alter sollten zum Politikum werden. Wir befinden uns auf dem Weg eines fundamentalen Wandels; zunehmend thematisieren die Medien das Altern und die damit einhergehenden kognitiven Veränderungen und das Interesse am Thema Demenz wächst.[34] Bald werden wir vor einer gesellschaftlich fundamentalen Frage stehen, der Frage nämlich, was wir als Form im Umgang mit alten Menschen für angemessen halten und wie wir bereit sind, in einer zunehmend durchorganisierten Lebenswelt der Gruppe der schutzbedürftigen Menschen zu entsprechen. Wohnen im Alter

gilt es neu zu denken. Um eine den Lebensaltern gerechte Architektur zu schaffen, ist es notwendig, das Bauen als Möglichkeit des an der Bewegung im Gebäude orientierten täglichen Angebotes zu entwickeln.

Damit komme ich zu der Frage, wie sich ältere Menschen im Idealfall bewegen sollten. In diesem Zusammenhang ist es hilfreich, sich mit der Ideengeschichte einer Architektur zu befassen, die den Körper des Menschen ins Zentrum stellt. Eine Ausrichtung der Raumgliederung an der Gestalt des Menschen ist in der Geschichte der Architektur oft mit Bezug auf den Grundriss diskutiert worden.[35] Räume korrespondieren mit Räumen. „Die leibhafte Räumlichkeit, die beim irdischen Bauen entsteht, verteilt sich auf verschiedene Raumregister. An erster Stelle sind verschiedene Raumrichtungen zu erwähnen. Dies sind die Dimensionen, die wir auf verschiedene Weise durchmessen. Bauen heißt, sich und die Dinge im Raum einrichten."[36] Waldenfels merkt an, dass unser Verständnis sakraler wie profaner Architektur der Repräsentation lediglich auf eine distanzierte Art erfolgt und wir daher kaum imstande sind, die tieferen Bedeutungen der Bauwerke zu erahnen. „Man besucht Kirchen und Schlösser, die man nicht bewohnt. Lebensplätze und Festorte werden zu Sehenswürdigkeiten, wenn sie sich vom Alltag ablösen. Der Besucher eines Schlosses unterscheidet sich dadurch vom Bewohner, dass er den Louis-XV.-Sessel nur betrachten, sich aber nicht auf ihn setzen darf. Der Umgang mit den Dingen degeneriert zu einem kulturellen Voyeurismus."[37]

Fenster als Versprechen

Mit der Vereinseitigung der Wahrnehmung, die lediglich die visuelle Kompetenz fordert, vernachlässigen wir die anderen Sinne. Dieses regelrechte Dogma des Visuellen wird regelmäßig in der Architektur diskutiert. Der Blick aus dem Fenster vermag nicht alles zu erschließen, was mit dem Blick an sinnlichen Reizen vermutet werden mag. Ein Blick aus dem Fenster ist dazu angelegt, eine Vielzahl möglicher Ereignisse zu erahnen und sich auf Erfahrungen zu beziehen. Fenster in Gebäuden der Moderne sind bisweilen als Öffnungen in eine erhoffte räumliche Freiheit des Lebens angelegt; gleichzeitig suggeriert der Standort einen souveränen Blick, eine Macht, die ironischerweise meist aus zu engen Räumen in die Weite gerichtet ist. Grob schematisiert besteht die Funktion des Fensters, nach Bollnow, darin, „vom Innenraum her die Außenwelt zu beobachten. Schon lange, ehe man größere verglaste Fenster zu bauen gelernt hatte, gab es wenigstens ein Guckloch, durch das man die Umgebung des Hauses auf die Annäherung eines möglicherweise bedrohlichen Fremden hin überblicken konnte"[38]. Damit angedeutet ist die Bedeutung, die der Höhe und Größe des Fensters zukommt. Guckloch oder Panoramafenster weisen auf die Entscheidung des Bauherren hin, den Blick nach draußen quasi als eine Einbahnstraße zu gestalten oder die Landschaft zur Leinwand werden zu lassen, die, bedingt durch das Fenster, auch Einblicke in die Privatsphäre freigibt. Durch die Höhe des Fenstersimses wird zudem die Haltung des Menschen im Raum bestimmt.[39] Gleichzeitig sind Fensterscheiben auch Spiegel, die (Bachelard, Bollnow, Foucault) auf gesellschaftlich relevante Fragen verweisen können.[40] Dieses In-die-Weite-Sehen aus dem Fenster ähnelt zudem der Funktion des Fernsehers. Er ist häufig das letzte Fenster, das bleibt. Jeder Blick, der nicht zur Bewegung motiviert, zieht eine Minderung des sonst möglichen sensorischen Erlebens nach sich. Mangel an Bewegung schadet Körper und Geist. „Dass Bluthochdruck aber in ganz wesentlichen Anteilen durch ungünstige Lebenszusammenhänge bedingt ist, (…) wird, wenn überhaupt, nur kurz zur Kenntnis genommen. Über diese Morbidisierung der Bevölkerung, diese zunehmende Krankheitslast, wird wenig reflektiert."[41] Die Morbidisierung verstärkt sich mit zunehmendem Alter. Ein höheres Alter ist meist mit einer zunehmenden Last an gesundheitlichen Einschränkungen verbunden. Dem kann jedoch entgegengewirkt werden. Positiv übereinstimmend werden motorische Aktivitäten und kognitive Kompetenzen als gegenseitig sich bedingende Bereiche angeführt, wenn es um die Aktivierung der Sinne geht. Nachlassende Aktivität wird mit dem Alter assoziiert und entsprechende gut gemeinte Hilfestellungen sind oft dafür verantwortlich, dass negative Tendenzen verstärkt und beschleunigt werden.[42] Altern bedeutet eine Verlangsamung von fluiden Prozessen.[43] Damit verbunden ist auch das medial vermittelte Bild der Demenz, das aus seiner ursprünglichen medizinischen Diagnose herausgelöst werden kann und verstärkt als Folge eines natürlichen Alterungsprozesses angenommen werden sollte.[44] Das Bild, das wir von der Demenz zu haben glauben, ist dem nicht zu unterschätzenden Anteil bildgebender Verfahren in der medizinischen Diagnose geschuldet. Verena Rothe wendet die mit der Demenz zusammenhängenden Fragen in eine sozialpsychologische und politische Dimension und mindert die medizinische Seite. „Könnte man Demenz (…) als Phänomen unserer heutigen Gesellschaft bezeichnen? Wenn wir alle so flexibel, innovativ, schnelllebend und vergänglich sind, müssen nicht zwangsläufig Menschen, die mit diesem Tempo nicht mehr mithalten können, Probleme bekommen? Tun dies nicht schon andere, nicht nur im Alter? Könnte es eine Erfindung, Schöpfung von umtriebigen Wissenschaftlern sein?"[45] Vor dem Hintergrund, älteren Menschen immer neue Möglichkeiten der Prävention anzubieten, gewinnen Lebensmittel, die als „Brainfood" angepriesen werden, sowie entsprechende Nahrungsergänzungsmittel an Marktanteilen. Filme, die sich dem Thema widmen, erreichen derzeit schon ein Massenpublikum, das Aufklärung und Hilfestellungen angesichts eines allgegenwärtigen Bedrohungsszenariums sucht, welches durch die Medien bedient, verstärkt und kommerziell genutzt wird.[46] Vielleicht kann man mit Gronemeyer, Rothe und Kreutzer dem Thema Demenz einfach mit der Einsicht in einen meist aber erst im hohen Alter eintretenden Verlust an Erinnerung der Bilder aus mittleren Lebensabschnitten begegnen, deren Bedeutung im Alter zentral wird, wenn es um den Erhalt der Persönlichkeit geht. Bilder der Kindheit und frühen Jugend gewinnen mit den Jahren an wachsender Bedeutung. Vielleicht ist es auch gar nicht notwendig, von Demenz zu sprechen? Reimer Gronemeyer, einer der schärfsten Kritiker einer Popularisierung des aktuellen Demenzbegriffes, erinnert an die Selbstverständlichkeit, mit der Altersprozessen begegnet werden kann. Er erinnert sich: „Ich habe eine zugleich vage und deutliche Erinnerung an eine Begegnung im Jahr 1943, als ich fünf Jahre alt war. Nachdem die Wohnung meiner Familie dem Hamburger Feuersturm zum Opfer gefallen war, wurde ich nach Nordstrand, der nordfriesischen Insel gebracht. Es gab zu essen, es gab keine Alarmsirenen, es war das Paradies. Zum großen Hof und der großen Familie gehörten auch eine Mühle und eine Bäckerei. Unvergesslich der Augenblick, in dem mir ein weißgekleideter Bäcker durch das Kellerfenster ein warmes Brötchen reichte. Und es gab Tante Hulda. Sie war – wie man in Hamburg zu sagen pflegte – tüddelig. Wir Kinder flüsterten uns zu, dass in Tante Huldas Ohr eine Fliege gekrochen sei, sie schwirrte nun im Hirn herum und machte sie ein bisschen verrückt. Tante Hulda hätte heute vermutlich eine Demenz-Diagnose. (…) Für Tante Hulda galt: Keine Reha, keine Medikamente, keine Demenz-Experten, sondern nur deutliche Worte des Bauern und Mühlherrn: ‚Dat geit nu nich, Hulda!'"[47] So wie Gronemeyer Bilder seiner Kindheit erinnert, so arbeiten auch biografische Therapiekonzepte, die dem Menschen im Gespräch ein offenes Ohr schenken. Biografie und Erinnerung sind Teil jedes Menschen und sie durchwandern in Bildern und Einstellungen zu den Dingen und Menschen unser Empfinden und Handeln bei Tag und bei Nacht, vor allem aber in Phasen des Schlafes, dessen Eigenleben gerade bei älteren Menschen, die ohne Medikamente gut schlafen, weitere Untersuchungen berechtigt.

Schlaf und Erinnerung

Die Stufen bewusster und unterbewusster Handlungen sowie Grade der Reflexion ändern sich nicht nur im Laufe der persönlichen Entwicklung, sondern auch die individuelle Konditionierung unterliegt Schwankungen. Eines der bedeutendsten Werke der französischen Literatur beginnt mit einer Schilderung, die sich dem Übergang zwischen Wachsein und Schlaf widmet. Ein feines Gewebe der Erinnerung wird hier gespannt, das wie ein Netz in der Lage ist, uns Sicherheit zu geben. Es handelt von dem Bewusstsein der Erinnerung und von Übergängen. Die Idee hat leitmotivischen Charakter. Wenige Zeilen von Marcel Proust – auf die sich Generationen der französischen Philosophie von Henri Bergson bis Maurice Merleau-Ponty beziehen – sind es, die zeigen, dass auch wir von den Bildern unserer Vergangenheit getragen werden, die uns, unabhängig von Orten und Räumen, an denen wir uns gerade aufhalten, zur Heimat geworden sind. Solange wir in der Lage sind, die vergangenen Bilder erinnern zu können, sind die Kindheit und die Jugend für uns nicht verloren, sie bleiben gegenwärtig und sie können einen Schutzraum bieten, der durch einen Klang, einen Geruch, einen Raum sich als Atmosphäre ausbreitet. „Lange Zeit bin ich früh schlafen gegangen. Manchmal fielen mir die Augen, wenn kaum die Kerze ausgelöscht war, so schnell zu, dass ich keine Zeit mehr hatte zu denken: ‚Jetzt schlafe ich ein.' Und eine halbe Stunde später wachte ich über dem Gedanken auf, dass es nun Zeit sei, den Schlaf zu suchen; ich wollte das Buch fortlegen, das ich noch in den Händen zu halten glaubte, und mein Licht ausblasen; im Schlaf habe ich unaufhörlich über das Gelesene weiter nachgedacht, aber meine Überlegungen waren seltsame Wege gegangen; es kam mir vor, als sei ich es selbst, wovon das Buch handelte: eine Kirche, ein Quartett."[48] Das Bild der Erinnerung formt sich hier zum Raum und zur Musik, dem Synonym für gestaltete Zeit. Durch Literatur, Kunst und besonders durch Musik können wir lernen, was es heißt, auf eine Kultur des Erinnerns lebensnotwenig angewiesen zu sein. Sämtliche Formen der Selbstvergewisserung basieren auf dem Erlebnis erinnerter Bilder, die mit Handlungen verknüpft sind und jederzeit ins Gedächtnis gerufen werden können. Werke der Kunst helfen uns zu verstehen, warum wir den Kern der Erinnerung in jeder Erzählung entdecken müssen, um eine Geschichte zu verstehen. Erzählte und erinnerte Zeit bilden sich nur durch uns aus; sie erst konstituieren unsere Person. Wir selektieren und erschaffen uns mit den Sinnen täglich neu. Keine Kunst verlangt ein höheres Maß an Übersetzung als komponierte und notierte Musik. Sie verbindet Erinnerung mit Motorik und sie hat über Hunderte von Jahren eine Schriftsprache entwickelt, die als Notenschrift von den Kennern dieser Kunst gelesen werden kann. Demenz bei Musikern ist selten.[49]

Lebenswege und Pfade

Zu schreiben beginne ich, lange nachdem ich gelernt habe zu laufen. Wird im Alter der Gang unsicher, kann dies, nach neueren wissenschaftlichen Erkenntnissen, als Anzeichen einer sich ankündigenden Demenz diagnostiziert werden. Es gilt sofort zu handeln und dem Zerfall von Kompetenzen entgegenzuwirken. Gehen bedeutet selbstständig zu sein und zu bleiben. Das Gehen gilt es zu erhalten und zu fördern. Gehen ist mir seit nunmehr zwei Jahren zum wichtigsten Ritual des Tages geworden, ich fühle mich sehr wohl in meinem Körper. Die Gelenke sind elastischer als früher, der Gang ist fester. Wenn ich am frühen Morgen mit unserer Mopsdame Riva kurz nach Sonnenaufgang meine erste von drei Runden am Tag um den Lietzensee in Berlin-Charlottenburg drehe, kommen meist die Gedanken, die mich über den Tag begleiten. Das Gehen stimmt mich in den Tag ein. Es gibt kein schlechtes Wetter. Nicht in der Stadt und erst recht nicht auf dem Land. Die Schuhe stimmen. Im Freien ist mir jede Art von Wetter vertraut und zur willkommenen Gegenwart der Jahreszeit geworden. Gehen macht glücklich, wenn ich nach Hause komme, duftet es nach frischem Kaffee und Brötchen. Ein gesundes und schönes Leben. Dank an die Familie, dass ich dies mit auf den Weg bekommen habe. Ist das Gehirn mit den vitalen Funktionen versorgt, so sind intellektuelle und motorische Abläufe schon so gut wie gesichert. Denke ich darüber nach, so führe ich scheinbar unbewusst und selbstverständlich fort, was sich im Laufe meines Lebens an Erfahrungen angesammelt hat.

Wege

Ich kenne meine Lebenswege und Pfade. Sie führen mich in die Grundmotive des Themas *Bauen für Demenz*. Gute Architektur ist einfach. Doch das Einfache ist in unserer Zeit in Vergessenheit geraten. Das Einfache gilt es zurückzuerobern. Einfache, gute Architektur ist nicht nur für ältere Menschen den Prinzipien der Bewegung und der Ansprache aller Sinne verpflichtet. Gute Architektur integriert heute von Anfang an technische Hilfssysteme, die das Leben der Älteren erleichtern. Hierin ist die Automobilindustrie mit ihren Systemen der Vernetzung der Vorreiter. Was dort gerade zum Standard reift, führt uns in die Selbstverständlichkeit der Zukunft ein, wo wir eine Vielzahl von Serviceleistungen nutzen werden. Smart Home ist heute vielleicht noch ein Luxus, den wir uns aber jetzt schon leisten sollten.

Mir geht es in *Bauen für Demenz* um Verbindungen von multisensorisch stimulierenden Räumen und Raumfolgen, die Orientierung fördern und dabei auch gleichzeitig auf eine diskrete Art Sicherheit bieten. Architektur in zeitgenössischer Ausgestaltung ihrer Parameter schafft für Menschen im Alter und solchen mit ersten Anzeichen von Demenz die lebensnotwendig gewordenen Voraussetzungen für ein langes und eigenbestimmtes Leben. Sicherheit und Geborgenheit bilden daher die Leitmotive meiner Abhandlung; sie entstand als Fortsetzung des Beitrages *Multisensorische Räume*

– *Wohnungen für Betagte*[50] sowie von *Architektur und Resonanz.*[51] *Bauen für Demenz* benennt neuartige Anforderungen an Architektur, die für einen wachsenden Personenkreis relevant werden.

Material

Vor der Planung eines Gebäudes sollte zunächst umfassend über die Bedürfnisse der späteren Bewohner – und auch ihrer potenziellen Dienstleister – in verschiedenen Lebensphasen nachgedacht werden. Eine gute Planung schafft die Voraussetzungen für einen funktionalen Service, für die hilfreichen Abläufe medizinischer und pflegender Versorgung bei gleichzeitiger Wahrung der Privatsphäre. Aktuelle Smart-Home-Systeme sind Produkte des Lifestyles, die diskret funktionieren; sie sind frühzeitig zu integrieren. Dafür muss das optimierte Zusammenspiel verschiedener Faktoren bereits in einem frühen Stadium der Planung bedacht werden. Die Raumpläne müssen auf den Bedarf hin ausgerichtet werden und natürliche Baustoffe sind zu verwenden. Bleiben Strukturen des Materials erhalten, so behält es seine typischen Eigenschaften. Ideal ist eine Baumaßnahme dann realisiert, wenn Menschen mit kognitiven Einschränkungen Oberflächen spüren und ihre Umgebung erfassen können. Werden Fingerspitzen und Hände angeregt, so bilden sich lesbare Räume. Auch die Gliederung und die Anlage einzelner Bereiche können nach einem entsprechenden Plan gestaltet werden. Oberflächen in Holz, Stein sowie naturbelassene Putzsorten werden ergänzt durch eine zeitgemäße Haustechnik. Räume und Raumfolgen zeichnet dabei eine Dramaturgie sensorischer Ereignisse aus, die über Hören, Riechen, Sehen und Fühlen weit hinausgehen. Zudem bieten Handläufe und eine gute Möblierung weitere Sicherheiten.

Bilder

Unsere verschiedenen Sinne haben gelernt, auf vielen Wegen miteinander zu kommunizieren. Von Geburt an orientieren wir uns mittels unserer Wahrnehmung in der Welt und denken letztlich in Mustern und Bildern, die wir in unserem großen Haus der Erinnerung speichern. Diese Bilder werden mit zunehmenden Jahren immer wichtiger, zusammengehalten durch Wege und Räume der Kindheit wie eine Karte. Unmöglich, die eigene Kindheit hinter sich zu lassen. Im Alter kehren wir in die Erinnerung früher Jahre zurück – das Bild der Kindheit ist jenes einer individuellen Heimat.

Bilder, die einen Teil meiner Heimat ausmachen und bei denen ich viel Wärme empfinde, liegen in Erinnerungen an Landschaften der Mittelgebirge von Taunus und Odenwald. Kindheitsbilder in der Natur, in Wäldern und auf Hängen. Drachen steigen zu lassen und leichte aus Balsaholz von mir gefertigte Segelflieger in den Himmel zu starten, die sich mit der Thermik in die Höhe schrauben. Dann, nach dem Flug, durch Wiesen und Felder, durch

Äcker und Obstgrundstücke zu hasten, um die Modellflugzeuge für das nächste, poetische Abenteuer zu sichern. Hier steht die Schönheit des Fluges im Zusammenhang mit den sanften Hebungen und Senkungen, die vom Boden aus verfolgt werden können. Die Topografie der Landschaft spiegelt sich im Flug. Segler gleiten wie Raubvögel, lautlos. Im sommerlichen Abendhimmel ziehen sie ihre Kreise. Kinderaugen folgen Flugkörpern. Schwingungen pflanzen sich fort. Bilder schreiben sich tief in das Gedächtnis ein.

Heimat

Die ersten Bilder von Häusern und Räumen führen auch mich zu den Bildern meiner Kindheit zurück. Da wir durch den Beruf des Vaters bedingt oft, zu oft, umziehen mussten, von Wohnung zu Wohnung, von Bundesland zu Bundesland vagabundierten, waren es umso mehr die Häuser der Großeltern, die uns zu räumlichen Konstanten und zur erinnerbaren Heimat wurden. Viele Wochenenden und immer in den Sommerferien lebten wir dort auf dem Land. Es sind die Bilder von Häusern meiner beiden sehr verschiedenen Großeltern. Die einen lebten in einer kleinen Gemeinde in Dornheim bei Groß Gerau in Hessen in einem Haus mit einem natürlichen Kellerboden und offenem Erdreich, das um 1920 erbaut worden war. Dort roch es wunderbar nach Kartoffeln auf dem sandigen Boden. Nebengebäude wurden zu unseren liebsten Spielplätzen. Ein Scheunenboden über der Garage, ein Hühnerstall und der Nutzgarten, wo Obst und Gemüse angebaut wurden, waren uns vertraut. Wir Kinder kannten absolut keine Verbote und fuhren mit den viel zu großen, schweren Fahrrädern auf den langen geraden Feldwegen. Die Nachbarn waren Bauern und es roch in Dornheim nach Tieren und Landwirtschaft. Überall waren wir willkommen. Die Straße vor dem Haus in der Friedrich-Ebert-Straße war in den ersten Jahren noch nicht asphaltiert. Wenn es im Sommer regnete, bildeten sich große Pfützen, fast kleine Teiche. Ein mittelgroßes Dorf mit der Atmosphäre der Landwirtschaft. Wir fühlten uns geborgen.

Die strengeren Eltern meiner Mutter lebten anders. Hier erinnere ich Bilder von zwei Häusern. Als die Großeltern dabei waren, den Holz verarbeitenden Betrieb, dessen Herrenhaus aus der Hälfte eines Jagdschlosses bestand, aufzulösen, entstanden meine ersten Eindrücke. Noch heute steht das Haus an einer Kreuzung, sogar die riesige Eiche hat die Jahre überdauert. Das Haupthaus hatte Treppen mit langen Stufen, da es ursprünglich ein mit Pferden zu nehmendes Treppenhaus war. Ein Relikt vergangener Nutzung. In Mönchsbruch steht der andere Teil. Ein halbes Schloss. Der Verlust tut weh. Ich sehe mich mit meinem Großvater und einem älteren Jagdhund durch die leeren Räume gehen. Die Familie hatte die Zeiten des materiellen Wohlstandes schon hinter sich. Es war kein gutes Gefühl, eine Ankündigung, eine Vorahnung stellte sich ein, ich fühlte die Zeichen eines sich verändernden Zustandes. Unruhe bleibt aus dieser Zeit im Gedächtnis. Wir Kinder aber fühlten uns sicher. Es ist mehr das Nachbild, das sich einstellt. Noch heute erinnere ich mich lebhaft an die Gegenwart meines besonders klein gewachsenen Großvaters Otto Lämmermann, dessen Auftreten bis ins hohe Alter die Präsenz eines bescheidenen Chefs einer traditionsreichen Firma hatte. Egal wo ich mit ihm auftauchte, bei der Verlängerung des Jagdscheines auf dem Rathaus in Bad Camberg oder bei dem kleinen Lebensmittelgeschäft, Grusbach, in Reichenbach, immer wurde er mit einer unglaublich höflichen Art empfangen. Zu seinen runden Geburtstagen kamen seine Kameraden von der Jagd und es gab Bläsermusik im Freien, immer wimmerten und heulten dann die Jagdhunde. Mein Großvater liebte es, bescheiden aufzutreten, ohne daraus eine Religion zu machen; er fuhr sehr kleine Autos trotz einer Auffahrt von bestimmt 30 Metern, die unser Reichenbach hatte. Otto Lämmermann war bescheiden. Vielleicht auch zu bescheiden. Sicher aber auch nicht für die kommenden Jahre gemacht.

Kindheit

Weitere Bilder meiner Kindheit sind es, die ich mit meiner Schwester und meinen beiden Cousinen, die von Groß Gerau nach Kronberg bei Frankfurt zogen, in Verbindung bringe. Wege zum Opel-Zoo durch verwilderte Gär-

ten, Lichtungen und Bäche in den Taunuswäldern, die Suche nach Pilzen und das Pflücken von Beeren, die frisch zubereitet oder zu Marmelade verarbeitet wurden. Wir tranken wie die Tiere aus den frischen Bächen des Taunus, nannten das Spiel die Weinprobe. Geld hatten und brauchten wir Kinder nie. Nicht in Kronberg und erst recht nicht in Reichenbach. Das Grundstück, das mein Großvater zum Bau unseres letzten wirklich herrschaftlichen Familiensitzes ausgesucht hatte, war mit einem alten Brunnen ausgestattet. Nach langer Suche hatte er es genommen, da freie Wahl am Hang bestand. Otto Lämmermann wählte die Mitte. Die Lage des Baugrundes war märchenhaft und geheimnisvolle Ecken wurden unsere Orte. Das Grundstück mit hohem Anteil an Schiefergestein hatte eine Wasserader, die mein Großvater mit einer Wünschelrute ausfindig machte. Hier entstand als Oval ein Schwimmbecken. Die hochgelegene Wiese war zu einem Plateau ausgebildet worden, einer Oase für uns mit Blick auf das Dorf. Hier lernten wir Kinder mit den paar Nachbarskindern, die dazu kamen, wenn wir Ferien machten, schwimmen. Das Becken war mit Quellwasser gefüllt, im Winter zugefroren. Später wurde es zum Froschteich. Auf der unmittelbar angrenzenden Wiese konnte man aus dem Schlafzimmer der Großeltern Rehe im Morgengrau äsen sehen. Im Garten habe ich einmal eine riesige Ringelnatter entdeckt. Keiner wollte sie mir fangen. Die Bilder und das Glück der Kindheit tragen mich bis heute. Das Wertvollste, was wir Kinder an materiellen Dingen besaßen, waren immer die besten Schuhe, die viel auszuhalten hatten. Ihren Wert kann ich heute erst wirklich schätzen.

Meine Großeltern wurden alt, sehr alt. Ich glaube, in ihrem Lebenswandel den Schlüssel, das Geheimnis ihres gesunden Alterns gefunden zu haben. Einfach nah an der Natur. Sie schwammen jeden Tag fast eine halbe Stunde im oft kalten Quellwasser von April bis September. Mein Großvater etwas länger als die Großmutter, beide vor dem Frühstück. Von ihnen habe ich, ohne dies zu wissen, gelernt: Nur wer sich in freier Natur regelmäßig bewegen kann, dem ist es möglich, zu klaren Gedanken zu kommen. Das Gehen oder Schwimmen kommt vor dem Schreiben. Mein Großvater war Architekt und hat in seiner Jugend noch in der Rhön Segelflugzeuge gebaut. Er lebte seine Prinzipien, ohne jemals darüber mit uns Kindern zu sprechen. Er verweigerte sich den neuartigen synthetischen Materialien, die aus beschichteten Kunststoffen bestanden. Seine Liebe zum Holz führte letztlich zum Ende einer Firma, die in der Region bekannt war. Er aber blieb seiner Sache treu. Sein Reichtum lag in der Natur der einfachen Dinge und die tägliche Bewegung hielt ihn und meine Großmutter gesund und auf eine seltene Art zufrieden. Unlängst habe ich einen Autor entdeckt, Tomas Espedal, dem Sie fortan häufiger begegnen werden, da er viele mir vertraute Wahrheiten in einfachen Sätzen äußert, die lesenswert sind. Bei ihm verweile ich gerne zwischen den Zeilen, die mir wie eine Art Handbuch und Anweisung für ein einfaches und glückliches Leben erscheinen. Architektur und Formen des Wohnens ist dort ein Platz gegeben, der in den Kontext der Bewegung gestellt ist.

„Wir sind reicher geworden und bauen schlechter. (…) Diese neuen Häuser, sie sind zu schlecht, zu hässlich, dünne viereckige Kästen mit beladenen Terrassen und verzierten Fassaden, grauenhaft. Wir sind reicher geworden und leben schlechter, das ist es. Alles sieht schlechter aus: die Häuser, die Schulgebäude, die Tankstellen, die Postämter und die Supermärkte. Wir sind reicher geworden und bauen einfacher, wir sind geizig geworden, lebensgeizig, trotz unseres Reichtums leben wir ärmlich und erbärmlich, er hat uns auf eine neue Art, auf schlechtere Art arm gemacht. Wir sehen schlechter aus. Zu dick, zu träge, zu müde, unsere Muskeln sind zu schlecht, die Körper verfallen. Die Gesichter auch. Wir sind dicker und schwerfälliger geworden und sehen dümmer aus."[52]

Gehen

Es handelt sich dabei zwar um eine oft zu vernehmende, vielleicht auch etwas pauschale Kulturkritik, deren Plädoyer klar in die Richtung des einfachen Lebens geht. Im Kern stimmt die Idee jedoch. Gehen hat immer etwas mit dem Suchen gemeinsam. Gehen regt in allen Phasen unseres Lebens die Sinne an und stimuliert. Im Bereich der Alzheimer-Diagnostik wurde in den USA eine Studie erstellt, die anhand der Entwicklung des menschlichen Ganges den Verlauf von Alzheimer in einem sehr frühen Stadium diagnostiziert. Es wurde nachgewiesen, „dass sich die Gangvariabilität bei später an Demenz Erkrankten rund fünf Jahre vor den ersten kognitiven Symptomen verändert hat".[53] Verbunden damit liegen bereits Untersuchungen vor, die belegen, dass durch ein gezieltes Training mit Musik und Bewegung dem sich abzeichnenden Kontrollverlust sehr erfolgreich entgegengewirkt werden kann. Körperbeherrschung, Übungen, die Gehen mit Musik und Tanz verbinden, haben zu einer Minderung des Sturzrisikos um 50 Prozent geführt. Laufen wird zum Schlüsselerlebnis, keine Therapie kann diese Bewegung in ihrer gesundheitserhaltenden Wirkung überbieten.

Ich erinnere die Sache mit den Schuhen, das Laufen und das Erreichen eines besonderen Zustandes, fast wie ein Rausch der Gegenwart: „Wenn die Stiefel gut sind, wenn die Rucksäcke nicht zu viel wiegen und auf dem Rücken unmerklich werden, (...) dann gibt es nichts Besseres als zu gehen; sich aus eigener Kraft fortzubewegen, einen Fuß vor den anderen zu setzen und in eine Form des Vergessens hineinzugehen, die zugleich eine gesteigerte Gegenwärtigkeit ist; zu vergessen, dass wir gehen, wir vergessen das eigentliche Gehen und die Anstrengung der Bewegung, gleichzeitig sehen und hören wir wacher, riechen schärfer, erleben alles intensiver."[54] Diese Form der Selbstvergessenheit zu erlangen, ist eine Kunst des Lebens. Nur wer das Gehen sucht, der wird in der Geschichte des Denkens viele Lebensformen finden, die auch in der Architektur dem täglichen Gang mit einer Intensität gewidmet wurden, die uns Heutigen abhandengekommen ist. Wissen wir, was wir suchen, so werden wir die Gänge und Flure in den Häusern des Wohnens neu bewerten. „Wer vorgeht, muss sich immer auf den Weg konzentrieren; das Terrain lesen, darf den Weg nicht verlieren, muss die Richtung halten und die Entscheidung treffen, wohin sollen wir gehen? (...) Es geht darum, die korrekte Richtung und zu einem flüssigen Gehen zu finden; jede falsche Entscheidung durchbricht den Rhythmus des Gehens, lässt es stockend und schwer werden."[55] Die Annäherung des Denkens der Gedanken trägt immer auch philosophische Züge. „Philosophie heißt in Wahrheit, von neuem lernen, die Welt zu sehen, und insofern kann eine schlichte Erzählung – erzählte Geschichte – ebenso tief die Welt bedeuten wie eine philosophische Abhandlung."[56]

Körper in Bewegung – Stimulanzen

Gehen und Schwimmen verbinde ich mit der Erfahrung, den Mittelpunkt des eigenen Körpers kennenzulernen. Oft freue ich mich über die strahlenden Gesichter von Kindern, wenn sie das Glück des aufrechten Gangs für sich erobern und stolpernd anfangen zu rennen, um zu fallen und immer wieder aufzustehen.

Schwimmen

Schwimmen mit meiner liebsten Freundin, die mir bis heute treu geblieben ist. Heute nicht mehr vorhanden, stand in den 1980er Jahren in Frankfurt in der Eschersheimer Anlage, direkt hinter der Alten Oper ein in die Jahre gekommenes, aber lichtdurchflutetes Hallenbad. Man blickte beim Schwimmen mitten in der Stadt in die Laubbäume der angrenzenden Parks. Hier habe ich meiner Freundin das Kraulen beigebracht. Ihren schlanken und eleganten Körper durfte ich führen. Mit meiner rechten Hand konnte ich sie im Gleichgewicht halten. Es war wie der Stapellauf einer englischen Segeljacht. Sie kraulte das erste Mal in ihrem Leben und hat mir das Geschenk des bleibenden Bildes gemacht. Im Wasser zu liegen, scheint den Körper schwerelos zu machen, und es ist das ursprünglich-natürliche Schweben wie im Leib der Mutter, das uns in allen Lebensphasen im Wasser leicht wie Vögel in der Luft macht. Kaum vorstellbar, dass es Menschen gibt, die nie gelernt haben zu schwimmen, ihnen bleibt vieles vorenthalten. Lesen und Schwimmen sollten zu Grundrechten des Menschen erklärt werden.

Körper

Ich entdecke in letzter Zeit immer mehr Körper, die menschlichen Körpern nachempfunden sind. Modellsegler erscheinen mir heute wie jugendlich athletische Menschen, die vom Sprungturm im Schwimmbad ihre Figuren im freien Fall ausführen. Ebenso erinnert mich ein wunderbarer hölzerner Bootskörper wie der jenes englischen Seefahrtkreuzers aus den 1930er Jahren, der zur Renovierung in der Bootswerft in Freest, Kröslin an der Peenemündung liegt, an einen auf den Rücken gedrehten Menschen, der auf einem Operationstisch liegt. Der geöffnete Körper scheint auf sein nächstes Leben zu warten. Die einzelnen Holme, Spanten und Planken ähneln dem Skelett des Menschen. Ich sehe Rippen und die Wirbelsäule, das Bild erschreckt mich. Den Mittelpunkt des Körpers, der gleichzeitig seinen Schwerpunkt ausmacht, bildet die Stelle, wo der Mastfuß des Mastbaumes eingelassen ist. Eine vernutete Steckverbindung. Das Schiff nimmt den Mast auf. Hier wirken fortan die stärksten Kräfte, besondere Stabilität ist gefordert. Parallelen zur Kapelle des Heiligen Benedikts von Peter Zumthor in Graubünden drängen sich auf:

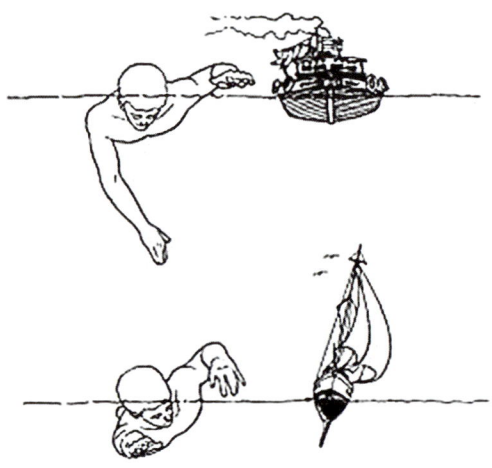

Dort werden klangliche Formen von Saiteninstrumenten auf die Architektur übertragen, in deren Inneren stabile Schwingungsfelder wirken, die sich dem Besucher körperlich mitteilen. Wer jemals auf der aus Ahorn gefertigten Bank in der Kapelle gesessen hat, wird diese Erfahrung lange in Erinnerung behalten. Dies, zumal der sitzende Mensch und das Schwingungssystem der Kirchenbank eine Einheit bilden. Das Becken ist eine umgekehrte Kuppel und leitet den Schall über die Wirbelsäule ins zentrale Nervensystem. Durch unsere Knochen und die Hohlräume überträgt sich diese Bewegung in den Körper. Unsere Körper sind Gefäße, um Klänge aufzunehmen und ganzheitlich zu erleben.

Bewegung

Wenn es ein Bild gibt, das den Wegen unseres Gehirns gleichen mag, so kann dies nur das eines Labyrinths sein. Das Labyrinth ist ein in sich geschlossenes Universum. So wie der Gang der Gedanken immer neue Wendungen nimmt, so überfordern Labyrinthe ihre Besucher. Wege öffnen und verschließen sich, der Gang wird zur Erfahrung mit ungewissem Ausgang. Die Schritte werden schneller. Ist das Ziel erreicht, stellt sich Erleichterung ein. Körper und Geist spiegeln sich im Bild. Das unkontrollierte, selbstvergessene Gehen führt zum Ziel. Der Körper in Bewegung sendet Signale an den gesamten Organismus und sämtliche Funktionen werden zur Höchstleistung angeregt. Ein kurzer Spaziergang aktiviert bereits unser kognitives und sensorisches System. Die Erfahrung von Bewegung teilt sich den Sinnen mit.

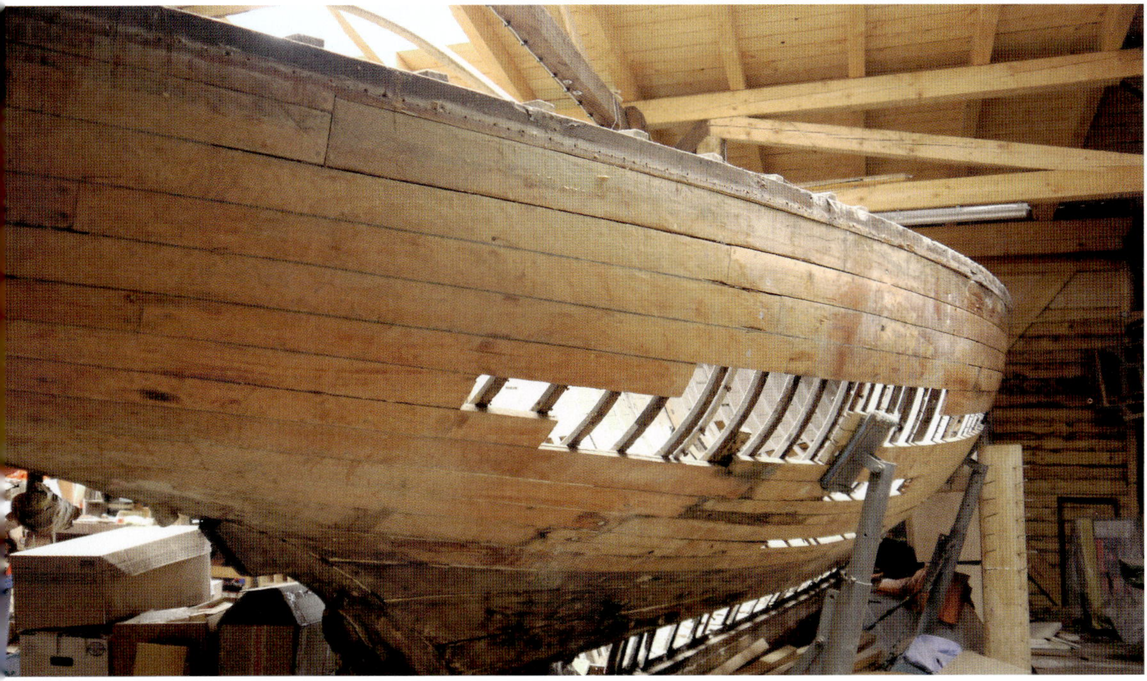

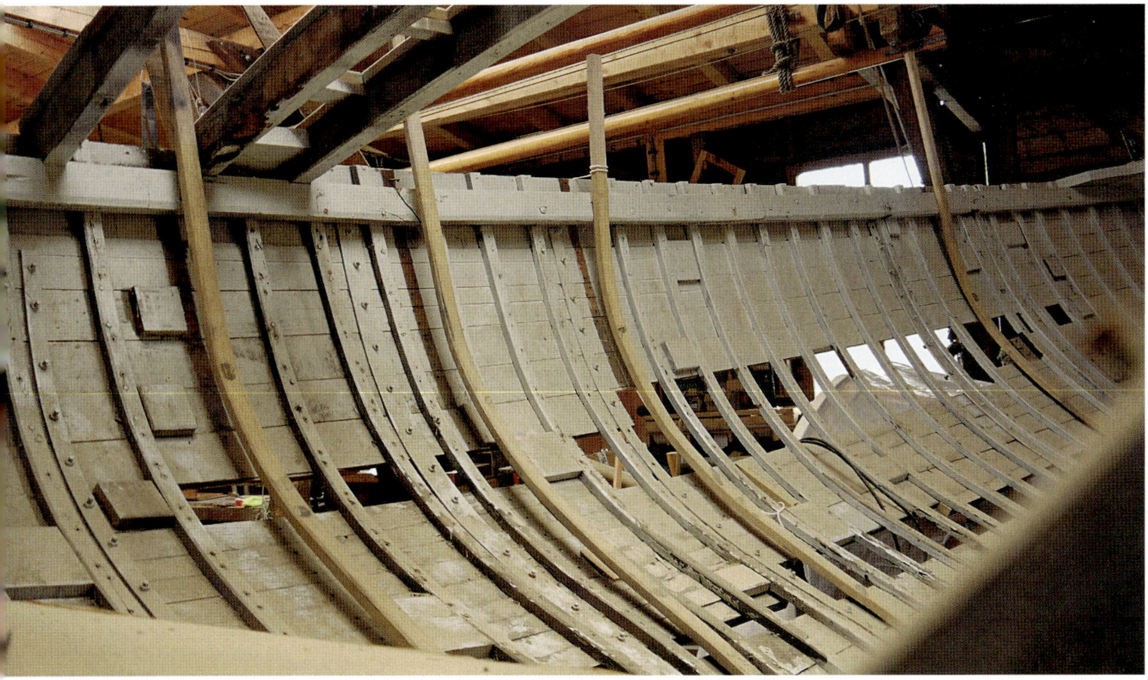

Bewundert habe ich immer die Menschen, die ein Instrument sehr nah am Kopf spielen konnten. Der Klang des Geigenkörpers teilt sich dem Kopf unmittelbar mit, nicht einmal Ohren braucht es dazu, um die feine Intonation zu erfassen. Kopf und Instrument klingen zusammen. Kein Musiker hat besser gelernt zu hören als ein Geiger, die kleinsten Intervallschritte, die nur ihm in Mikroschritten möglich sind, formen dabei über Jahre seine Meisterschaft. Die Schwingungen von Saiten und Resonanzkörpern werden hier sowohl durch direkten Körperschall als auch Luftschall übertragen. Während die Geige nah am Kopf gespielt wird, nimmt der Bauch den Körperschall der klassischen Gitarre auf.

Alter und Orientierung

Wiedererkennen

Erinnerung und Gegenwart von Bildern sind wesentliche Bestandteile, um sich in der Welt zu orientieren. In sämtlichen Lebensphasen sind wir auf Rückbezüge zu bereits erlernten Abläufen angewiesen. Wir erkennen Muster und Gestalten; die damit verbundenen Eigenschaften lassen uns bis zu einem gewissen Grad intuitiv handeln. Das Wiedererkennen betrifft die gesamte Palette sinnlich wahrnehmbarer Momente, dies kann der Klang einer vertrauten Stimme, es können Schritte auf den Stufen eines Treppenhauses, der Geschmack einer Speise oder auch der Geruch einer Wohnung sein, die uns zur Heimat geworden ist. Vertrautes lädt uns ein, Neuem begegnen wir mit kritischer Distanz. Herantreten oder wegtreten, hineinhören oder sich abwenden. Jedes Interesse führt automatisch zur Veränderung der Körperhaltung, die Teil der Haltung zu den Dingen und damit der Orientierung und Vorbereitung von Handlungen ist. Die Besonderheit von Handlungen liegt in der wachsenden Bedeutung, die sie im Kontext von Räumen als zielgerichtete Bewegungen erkennen lassen. Körper und Geist wirken immer gemeinsam und sind nicht voneinander getrennt zu behandeln. Motorische Abläufe und geistige Gegenwart arbeiten, gut sichtbar vor allem bei kleinen Kindern, zusammen und bestimmen Bewegungen und Handlungen als ein komplexes System, das bis ins hohe Alter besteht. Gut funktionierende Bewegungsabläufe lassen Rückschlüsse auf eine gesunde Entwicklung des Menschen und eine allgemeine gute Verfassung zu. Bewegung ist dabei zu verstehen als

die sichere Bewältigung von Abläufen und das Zurücklegen konkreter Strecken in einer bestimmten Zeit. Die Zeit, die wir von der Ausführung einfacher Handlungen bis zu komplexen Bewegungen benötigen, spiegelt damit auch einen Teil unserer persönlichen Konditionierung. Wir erinnern uns gerne und regelmäßig an die Bewegungen unseres Körpers, die wir als Kinder und Jugendliche springend, laufend oder schwimmend wie selbstverständlich erlebt haben.

Erinnerungsarbeit

Erinnerungsarbeit und biografische Selbstvergewisserung sichern das Wissen um jede persönliche Identität. Was uns mit zunehmendem Alter von den Kindern unterscheidet, ist die schwindende Sorglosigkeit und Selbstgewissheit. Unser Körper verändert sich während des gesamten Lebens und damit auch unsere Sorge um ihn, die sich in den Maßnahmen äußert, die wir ergreifen oder die ergriffen werden, um unsere Gesundheit zu erhalten. Insbesondere der alternde Mensch macht uns anschaulich, wie sehr doch seine Bewegungen und die Sicherheit an Abläufe der Zeit gebunden sind. Was im Bereich kindlicher Entwicklung – Motorik und Kognition – gut erforscht ist, gewinnt im Bereich der Altenforschung erst langsam an Bedeutung. Ritualisierten täglichen Handlungen, die mit Bewegung verbunden sind, gilt fortan

ein besonderes Interesse. Altersbedingt verändern sich funktionale Abläufe des Menschen. Ein zentrales Thema, das in der Planung spezifischer Raumangebote und deren sensorischen Anforderungen auf die kognitiven Kompetenzen der Bewohner hin ausgerichtet werden sollte. Interdisziplinäre Ansätze sind gefordert.

Diese Teilbereiche, die in ein altersoptimiertes Raumangebot und eine geborgene Lebenswelt münden, sind zwischen Philosophie, Kognitionswissenschaft, Psychologie und Medizin angesiedelt und sie reichen auch in die Künste hinein. Während unseres gesamten Lebens lernen und erinnern wir dies in unseren Bildern. Im Alter gewinnen diese Bilder zunehmend an Bedeutung. Wir speichern und erinnern Bilder, die letztlich in Sprache beschrieben und kommuniziert werden. Kunst und Literatur kommt dann eine besondere Rolle zu, wenn Räume und Wege als Orte einer künstlerischen Inszenierung erscheinen, die mit eigenen Erfahrungen verbunden werden.

Zauberberg

Ein Beispiel: Lese ich eine Passage aus Thomas Manns Roman *Der Zauberberg*, etwa die Seiten, die ausführlich dem Aufkommen, Entfalten und Abklingen des Schneesturms gewidmet sind,[57] so tauche ich als Leser in die Bilderwelt ein und assoziiere eine mir bekannte Berglandschaft im Schnee in Verbindung mit den Schilderungen der Details, die, je nach dem Raum, den ihnen der Autor gibt, und seinen Ausführungen für mein Bild prägend werden. „Statt der Sonne jedoch gab es Schnee, Schnee in Massen, so kolossal viel Schnee, wie Hans Castorp in seinem Leben noch nie gesehen. Der vorige Winter hatte es in dieser Richtung nicht fehlen lassen, doch waren seine Leistungen schwächlich gewesen im Vergleich mit denen des diesjährigen. Sie waren monströs und maßlos, erfüllten das Gemüt mit dem Bewusstsein der Abenteuerlichkeit und Exzentrizität dieser Sphäre. Es schneite Tag für Tag und die Nächte hindurch, dünn oder im dichten Gestöber, aber es schneite. Die wenigen gangbar gehaltenen Wege schienen hohlwegartig, mit übermanns-hohen Schneewänden an beiden Seiten, die in ihrem körnig kristallischem Geflimmer angenehm zu sehen waren und den Berggästen zum Schreiben und Zeichnen dienten, zur Übermittlung von allerlei Nachrichten, Scherzwor-ten und Anzüglichkeiten.“[58] Im Zentrum steht – wie eine Ausführung zu den Gesetzen der Gestalttheorie – die Auflösung von Konturen einer Landschaft, die sich im Verlauf als eine eisige Nebelwelt darstellt. Ich, der Leser, projiziere hierbei Bilder, die Teil meiner literarisch ausgelösten Bilderwelt werden. Das Aufscheinen und Verschwinden von Gestalten und Konturen gibt dieser Sze-ne eine Bedeutung, die als eine allgemeine Suche nach Mustern, die erkannt werden müssen, verstanden werden kann. Die Pointe: Wo keine Strukturen mehr vorhanden sind, beginnen die Einschreibungen.

Orientierung

Unsere Orientierung und Bewegung in realen und künstlerisch ge-schaffenen Räumen sind so bedeutsam, dass sich aus Sicht einer Philoso-phie der Kognition daraus sogar das Wesen unseres Körperbewusstseins entwickelt. Dies hat zur Folge, dass die Bewegungen im Raum und des-

sen intuitives, da meist vertrautes, Erleben untrennbar mit unserem Selbstbewusstsein verbunden sind. Bewegung fördert Gewissheit und Sicherheit.
Räume können dazu beitragen, Orientierung und Sicherheit zu gewährleisten. Dabei sind einfach zu lesende Räume und klare Gestaltungen als Leit-
linien angemessener Planung zu sehen. Die gedankliche Verknüpfung von
Körper und Erfahrung wird als ein Altern des Menschen aufgegriffen. Erfahrungen werden mit körperlichen Prozessen verbunden und der Körper des
Menschen wird in dieser bestimmten Form für die Philosophie neu entdeckt.
Dem französischen Philosophen Henri Bergson ist es zu verdanken, dass er
die Bewegung des Menschen in seiner Umgebung als wesentlichen Teil jeder
Person beschreibt. Dabei dient ihm der Begriff des *elan vital* zur Umschrei-
bung einer vitalen Urkraft, die als Wissenschaft des Seins, als eine Ontologie
eingeführt wird.[59] Zum Wesen des Menschen gehört seit Bergson untrennbar
sein Körper, der sich wiederum durch die von ihm vollzogenen Bewegungen
im Raum definiert. Dabei führt Bergson mit Hinweisen auf die Komposition
einer Sinfonie oder der Analyse des Films aus, dass Dauer nur vorstellbar ist

durch das Zusammenfügen einzelner in Raum und Zeit verteilter Ereignisse, die sich wie Punkte der Erinnerung darstellen. Was im Film der Montage und Folge der Bilder entspricht, hat seine Entsprechung in komponierter Musik in einzelnen Sequenzen. Künstlerisch gestaltete Zeit bietet das Anschauungsmaterial, das nach Bergson eine Entsprechung in den Gesetzmäßigkeiten unseres Bewusstseins hat. Seine Theorie des Erinnerns macht darauf aufmerksam, dass wir auf Bilder angewiesen sind, die wie Stationen funktionieren. „Wie sollte man aber nicht sehen, dass das Wesen der Dauer in einem ununterbrochenen Fluss besteht, und dass etwas Statisches, das mit anderem Statischen aneinandergereiht wird, niemals eine wirkliche Dauer ergibt? Was also wirklich ist, das sind nicht die in Momentaufnahmen fixierten Zustände, die wir im Verlauf der Veränderung aufnehmen, sondern das ist im Gegenteil der Fluss, das ist die Kontinuität des Übergangs, das ist die Veränderung selbst."[60]

Raumplanung

Philosophie und Raumplanung treffen daher unweigerlich zusammen, wenn konkrete Anforderungen an die Funktionalität eines Raumes aus den kognitiven Voraussetzungen abgeleitet werden. So wie die Phänomenologie der Wahrnehmung von einem konkreten Wahrnehmungsgeschehen ausgeht, das sich durch Handlungen im Raum darstellt, so erschließen sich auch die Sinne des Menschen ihre Lebensräume, die immer individuell und täglich erfahren werden müssen, um die Muster der Erinnerung zu bestätigen oder Abweichungen als Erfahrung in neue Muster zu überführen, um diese dann im Archiv der Gestalten zu integrieren. Es geht zunächst um die Erfahrung, die ich mit meinem Leib mit einem anderen Menschen teile. „Bewusstsein oder vielmehr Erfahrung-sein ist innerlich mit der Welt, dem Leib und den Anderen kommunizieren, Sein-mit-ihnen und nicht Sein-unter-ihnen. Psychologie treiben heißt, (…), nochmals auf die Charaktere des eigenen Leibes zurückgehen."[61] Die damit angedeuteten Wirkungen werden durch die Sinne aufgenommen und wirken im und mit dem Körper fort. „So sind Gesicht, Gehör, Geschlecht und Leib nicht bloße Durchgangspunkte, Werkzeuge oder Äußerungen der persönlichen Existenz: vielmehr wird deren vorgegebenes anonymes Sein von dieser übernommen und angeeignet."[62] Es sind nach Merleau-Ponty körperliche und geistige Erfahrungen, die zu einer Einheit der Wahrnehmung führen und als Ganzheit wirken. Der Körper signalisiert uns seine Bedürfnisse und fordert uns zu Handlungen auf. Merleau-Ponty beschreibt diese Kraft, die sich in uns durch unseren Körper entfaltet, als einen *intentionalen Bogen*. Damit wird umschrieben, dass es einen Zusammenschluss eines Bewusstseinslebens gibt, das als erkennendes, begehrendes oder wahrnehmendes Leben getragen ist von einem intentionalen Bogen, „der unsere Vergangenheit, unsere Zukunft, unsere menschliche Umwelt,

unsere physische Situation entwirft, oder vielmehr, dass wir in all diesen Beziehungen situiert sind. Dieser intentionale Bogen ist es, der die Einheit der Sinne, die Einheit der Intelligenz und die Einheit von Sinnlichkeit und Motorik ausmacht. Er ist es, der in der Krankheit seine Spannkraft einbüßt."[63] Merleau-Ponty entwickelt in seiner Interpretation der von Bergson vertretenen Theorie der Intuition eine Erweiterung einer psychologisch fundierten Handlungstheorie, indem er eine Analyse des Intentionalen leistet, die auf ein vorwissenschaftliches Bewusstseinserleben abzielt und damit Handlungen vor einem sprachlichen Bewusstsein erfasst.[64]

Altersforschung

Die Bedeutung der Orientierung im Raum – als Ort des Wohnens, der Kommunikation und Teilhabe am öffentlichen Leben – wird derzeit in der Altenforschung entdeckt; hier deutet sich ein Interesse an sensorischen Qualitäten an; eine darauf ausgerichtete architektonische Gestaltung und Ausstattung kann ein neues Maß an Sicherheit bieten.[65] Damit verbunden ist ein verstärktes Interesse an multisensorischen Wirkungen von Räumen, das die Chance auf ein neues Denken von Architektur und deren Gesetzmäßigkeiten bietet.[66] Das Raumverständnis des alternden Menschen erforscht eine analytische Architekturtheorie, um die Erkenntnisse, im Idealfall konkret, auf seine sensorischen Kompetenzen hin ausrichten zu können. Derzeit leben in Europa geschätzt 9,2 Millionen Personen mit Demenz, deren Zahl bis ins Jahr 2030 allein in Deutschland jährlich um ca. 250.000 Menschen steigen wird.[67] Mit *Bauen für Demenz* soll einem neuartigen Architekturverständnis für alternde Menschen insgesamt und im Speziellen für solche mit kognitiven Einschränkungen der Weg bereitet werden, das ihnen und ihrer Umgebung umfassend gerecht wird. Ein Bauen für Demenz reduziert die Komponenten auf einfache und leicht identifizierbare Formen sowie vermittelbare Oberflächen und Gestaltungen. Es erleichtert Angehörigen sowie ambulanten wie stationären Pflegeeinrichtungen die tägliche Arbeit; die Anzahl der Heimbewohner wird in Zukunft deutlich ansteigen. Nach aktuellen Studien kann davon ausgegangen werden, das „etwa 30 Prozent aller an Demenz neu erkrankten Senioren über 75 Jahre in eine stationäre Pflegeeinrichtung um-ziehen. Der Zeitraum zwischen Erkrankung und Pflegeheimübergang beträgt durchschnittlich 4,1 Jahre“.[68]

Diese Menschen benötigen in ihrer täglichen Umgebung einfache, leicht zu verstehende Strukturen, in die sich Menschen nahezu intuitiv ein-fühlen können. Die Erschließung einer neuen Umgebung, eines unbekann-ten Gebäudes im Alter verlangt den Bewohnern enorme Leistungen ab. Die Wahrnehmung und auch das Erleben einer neuen Umgebung und deren einzelner Teile sind ein fundamentaler Akt der Neuorientierung, der intensiv begleitet werden muss. Derzeit werden etwa Momente der akustischen Ge-staltung im Gebäude und dessen Umgebung entwickelt, um das intuitive Verständnis von Räumen zu erleichtern.[69] „Die Wahrnehmungswelt lässt sich nicht einfach finden, sie ist wiederherzustellen in einer mühevollen Arbeit, die an die Ausgrabungen des Archäologen erinnert. Das Abtragen von Vorurtei-len gehört dazu.“[70]

Kognitive Kompetenzen

Das Empfangen und Verarbeiten sinnlicher Reize sowie deren handlungsorientierte kognitive Bearbeitung prägen unser tägliches Leben in sämtlichen Bereichen. Je mehr Stimulanzien wir gleichzeitig ausgesetzt sind, desto höher sind die Anforderungen an die kognitiven Leistungen und die Kompensation. Je einfacher Situationen zu erkennen sind, desto weniger Energie wird benötigt, um diesen mit angemessenen Handlungen zu begegnen. Rudolf Arnheims Analyse visueller Gesetzmäßigkeiten (1954) betont die Bedeutung gestaltbildender Kompetenzen und verknüpft sie mit dem Begriff der Abstraktionsstufen; dieser theoretische Ansatz ist geeignet, die Gesetzmäßigkeiten kognitiver Einschränkungen insgesamt besser zu verstehen, um damit Vorgaben zu gewinnen, die Planungsrelevanz haben.

Grade der Ähnlichkeit

Anschaulich wird der Übergang von Ansätzen der Gestalttheorie in die architektonische Planung anhand eines Vorgangs aus der bildenden Kunst. Dabei zeigen sich Ähnlichkeiten in den Abläufen der Abstraktion, die Produktion und auch Perzeption aus zwei Perspektiven vergleichbar erscheinen lassen. Kunstschaffende und Kunstverstehen werden thematisiert. Offensichtlich gibt es Parallelen zwischen dem Weg zum Erfassen des auf die Leinwand gebrachten abstrakten Gebildes und dem täglichen Erkennen von Dingen auf größere Distanz. Je entfernter ein Objekt erscheint, desto höher ist der Grad an Kompensationsleistungen, die ein Beobachter zu erbringen

hat, um das Objekt zu identifizieren. Das Bild entsteht immer erst durch den Betrachter und dessen Sichtweise. Hierin deutet sich eine Art funktionaler Logik an, die das Bewusstsein von Etwas und dessen Bild als eine logische Relation deutet; eine Übertragung auf die Architektur bietet sich an. Wird eine Situation identifiziert, lassen sich daraus Handlungen ableiten. So erklärt sich die Feststellung, dass das „Bewußtsein, wenn es einmal durch einen besonderen Umstand von seiner üblichen Bindung an die Vielfältigkeit der Natur loskommt, Formen der Übereinstimmung mit den Tendenzen gruppiert, die seine eigene Funktionsweise bestimmen. Vieles deutet darauf hin, dass die vorrangige Tendenz, die hier am Werk ist, eine Tendenz zur einfachsten Struktur ist, das heißt zur regelmäßigsten, symmetrischsten, geometrischsten Form, die unter den gegebenen Umständen erreichbar ist."[71] Kulturgeschichtlich spiegelt sich dies, so Arnheim, besonders in sakraler Architektur und Bildgestaltungen in symmetrischen Formen. „Die Symmetrie der Komposition verkörpert die Stabilität der von der Kirche geschaffenen historischen Ordnung. Elementare Posen und Gesten schalten alles Zufällige und Vergängliche aus und betonen die ewige Gültigkeit."[72] Damit werden natürlich bedingte Gesetzmäßigkeiten der Kognition als dogmatische Wahrheiten in die Welt der Bilder und der Architektur aufgenommen und überhöht. Symmetrie, als eine Setzung quasi natürlicher Ortung, lässt sich in allen Formen der

Künste finden; auch die Gestalt des menschlichen Körpers ist weitestgehend symmetrisch. Ohne diese Symmetrie wären viele Bewegungsabläufe kaum möglich. Nach Arnheim deutet „vieles darauf hin, dass die vorrangige Tendenz (…) eine Tendenz zur einfachsten Struktur ist, d.h. zur regelmäßigsten, symmetrischsten, geometrischen Form, die unter allen Umständen erreichbar"[73] sein sollte. Allgemein zeigt sich, dass Wahrnehmung und Beschreibung gewissermaßen zwangsläufig Regelmäßigkeiten hervorbringen; es bilden sich in allen Bereichen sinnlicher Wahrnehmung wiedererkennbare Muster aus. Für den Kontext von *Bauen für Demenz* ist es zielführend, wenn Muster und Erkennen im Bereich der Neurobiologie auf Basis der Annahmen zur Gestalttheorie aufgegriffen und weiterentwickelt werden und so davon ausgegangen werden kann, dass architektonische Formen dann besonders qualitätvoll und gelungen sind, wenn diese den kognitiven Voraussetzungen ihrer Nutzer entsprechen. Für die Planung von Räumen bedeutet dies, dass sämtliche Funktionen deutlich voneinander unterschieden werden können. Türen, Fenster, Fußbodenbeläge, Schalter und sanitäre Einrichtungen müssen daher unbedingt durch eine markante Rahmung und damit deutliche Abgrenzung zur sie umgebenden Fläche gekennzeichnet sein. Das Wiederauffinden bekannter Funktionen im Raum wird dabei zum Maßstab qualitätvoller Planung.

Komplexität – Reduktion

Mit steigender Komplexität von Objekten und Situationen wird zu deren Bewältigung ein hohes Maß kognitiver Kompetenzen gefordert, die immer auch kulturell determiniert sind. Wissen ist an die es bestimmende Umwelt angepasst und von dieser abhängig; es geht notwendigerweise aus ihr hervor. Erlerntes Wissen wird mit zunehmender Erfahrung meist intuitiv abgerufen. Einfache unterscheiden sich von komplexen Handlungen, beides muss differenziert betrachtet werden.[74] Ebenso werden Situationen unterschiedlich erlebt und die biografischen Voraussetzungen geben den Ausschlag, ob man eine neue Situation positiv anzunehmen vermag oder daran scheitert. Neues zu erfassen, erfordert zwangsläufig eine Leistung der Reduktion von Komplexität, die in der Literatur und der Gestalttheorie als Abstraktion, als Übertragung ähnlicher Handlungen in vermeintlich neue Szenarien beschrieben wird. Regelmäßig wird hier der Vorgang der Identifikation von Bildern, Sprache, akustischen Signalen und sogar komponierter Musik in Verbindung mit jener Kompensationsleistung diskutiert, die aufgebracht werden muss, um die beim ersten Auftauchen zunächst vorhandenen Lücken im geistigen Abbild der Gestalten durch kognitive Fähigkeiten zu schließen. Merleau-Ponty beschreibt den Vorgang visueller Wahrnehmung als eine natürliche Reduktion und Selektion, die bei gesunden wie bei kognitiv eingeschränkten Menschen auch auf die anderen Sinnesbereiche anwendbar sind. „Sehen im übertragenen Sinne des Wortes ist das Vermögen,

simultane Mannigfaltigkeit zu überschauen und als eine bestimmte Weise Gegenstände zu setzen und Bewusstsein zu haben."[75] Mit dieser Setzung eines Bewusstseins von etwas durch den Menschen werden auch Akte der Selektion von Eigenschaften individuell beschrieben. Wie lassen sich solche Kompensationsleistungen näher beschreiben?

Kompensation als Leistung

Eine einfache Erklärung kann lauten: Je undeutlicher eine Figur in Erscheinung tritt, desto intensiver sind die kognitiven Leistungen, die erbracht werden müssen, um eine Identifikation zu ermöglichen, immer vorausgesetzt, die Gestalt kann erinnert werden. Wie werden Gestalten überhaupt erkannt, wie werden die einzelnen Prozesse beschrieben? Eine mögliche Antwort: Es verdichten sich Hinweise, dass es gerade diese Lücke ist, die zwischen zunächst undeutlichen Formen und ihrer Identifizierung auftritt, die dann als kognitive Leistung den Kern unserer persönlichen Konditionierung ausmacht. Der Wandel dieser Konditionierung, der auch, aber nicht nur, durch die Lebenserfahrung und das Alter bestimmt wird, bietet sich als Chance an, die Abläufe täglichen Handelns besser zu verstehen. Es ist bekannt, dass die Erinnerungen eines älteren Menschen oft als kristallines Wissen – da über Jahrzehnte erlernt – beschrieben werden. Sein Wissen um die Dinge zeichnet eine Kompetenz aus, an die das fluide Wissen der Jüngeren natürlich nicht heranreichen kann. Es ist also durchaus eine Leistung, bestimmte Abstraktionen als Gestalten komplexer Formen identifizieren zu können, wie dies etwa zum Tragen kommt, wenn geübte Hörer im Verlauf eines Konzertes musikalische Themen, deren Variation möglicherweise die Form einer Sonate hat, wiedererkennen. Auch hier würde dann das einfache Schema der Erwartung konstituierender Momente der Form und ihre Erfüllung greifen.

Gestalt und Abstraktion

Von den Gesetzen der Wahrnehmung hat sich bislang eine Formel herausgebildet, die in den verschiedenen Feldern der Theorie als Konstante angesehen werden kann: „Jede Reizkonfiguration wird so gesehen, dass sie eine möglichst einfache Struktur ergibt."[76] Einfache Formen und abstrakte Gebilde stellen Gegensätze im Rahmen von Gestaltungen dar, wenn es darum geht, niedrige Schwellen des Verständnisses zu erreichen. Was sind die Grundlagen des Verstehens, wenn diese aus Sicht der Psychologie als Kognition betrachtet werden? „Ich bemerke die Täuschung, wenn ich jene auf diese vergleichend beziehe. Der Psychologie [der Kognition] fällt in diesem Zusammenhang die Aufgabe zu, die Leistungsfähigkeit der Wahrnehmung zu bestimmen, indem sie die Wahrnehmungsdaten mit den Daten vergleicht, die aus Messprozessen stammen. In dieser Aufgabenbestimmung spiegelt sich (…), dass Wahrnehmung als kognitive Intention angelegt ist, d.h., Wahrnehmung ist, wie auch Denken und Erinnern, auf das kognitiv-intentionale Erreichen (…) ausgerichtet."[77] Unsere Einstellungen zu den Dingen sind aufgeladen von Erfahrungen. Bergson relativiert sogar den Moment der Gegenwart, mit der wir etwas neu erfassen. Die Gegenwart wird als eine Schnittstelle zwischen Vergangenheit und Zukunft beschrieben, deren Bedeutung sich vor allem in der Beschreibung von Akten sinnlicher Wahrnehmung zeigt: „Die historischen Ursprünge der Gegenwart können in ihrer eigentlichen Bedeutung nicht vollständig aufgehellt werden, denn man könnte sie in ihrer Ganzheit nur wieder überschauen, wenn die Vergangenheit von den Zeitgenossen als eine Funktion einer noch unbestimmten Zukunft ausgedrückt werden könnte, einer Zukunft, die aber gerade deshalb unvorhersehbar wäre."[78] Wie wir denken und die Dinge bezeichnen, liegt unweigerlich in unseren Erfahrungen begründet und in der Kompensationsleistung kognitiver Akte.

Kognition im Wandel

Da die kognitiven Leistungen einzelner Sinne im Laufe des Lebens oft deutlichen Veränderungen ausgesetzt sind, zeigt sich dies besonders in der Wahrnehmung der Umwelt, den Formen der Handlungen und den kommunikativen Akten. Entsprechend differenziert ist mit dem Begriff umzugehen, der sich keineswegs eindeutig verwenden lässt. Gemeint sind mit dem Begriff der Kognition verschiedene Voraussetzungen, die ihr methodisches Potenzial aus den Schnittstellen zwischen Physiologie, Psychologie, Neurobiologie gewinnen, deren Erkenntnisse in philosophische Fragestellungen münden. Erleben, Erinnern und Verstehen lassen sich sowohl als neurobiologisch nachvollziehbare Prozesse darstellen, als auch als eine Phänomenologie individueller Wahrnehmung beschreiben. Wenn wir etwa von sinnlich erlebten Eindrücken sprechen, so ist es immer das Ich, das spricht. Diese Form einer Selbstvergewisserung verleiht der persönlichen Erfahrung die von der individuellen Konditionierung abhängige Verfasstheit und damit ihren besonderen Stellenwert. Die Abläufe des Erkennens, die in das Sprechen und Handeln führen, sind Prozesse im Gehirn, die sich nur näherungsweise fassen lassen. Unser Wahrnehmungssystem ist in der Lage, im Laufe des Lebens immer größere Zusammenhänge zu erfassen und einzuordnen, es erkennt „automatisch Regeln, nach denen ein statischer oder dynamischer Reiz konstruiert ist; und die Regeln schließen Abweichungen von Grundprinzipien bzw. Transformationen und Variationen ein".[79]

Gemeinschaft der Sinne

Das Zusammenwirken der Sinne ist bei Tag und Nacht zu beobachten. Tagsüber dominiert die visuelle Wahrnehmung, bei Dunkelheit und Nacht dominieren die Ohren. Sind beide Sinne nicht mehr im vollen Umfang aktiv, so erfolgt durch den Tastsinn das Erfassen der Umwelt. Oberflächen von Material liefern dann wichtige Informationen. In der Literatur finden sich bislang wenige Hinweise, die sich diesem Vorgang der Verschiebung von Bereichen der Wahrnehmung widmen. Das Phänomen ist nur wenig systematisch erschlossen und die Erkenntnisse weisen eher in eine erste Richtung, als dass sich auf Basis bestehenden Wissens weitere Schritte darin andeuten. „Es wird angenommen, dass die Art, wie Wahrnehmungssysteme arbeiten, vergleichbar ist und dass die Gesetzmäßigkeiten, die im Zusammenhang zwischen physischen Umweltmerkmalen und Wahrnehmungsergebnissen festgestellt werden, im Grunde bei allen Sinnensystemen herrschen."[80] Nach den Befunden des Psychologen Rainer Guski funktionieren sämtliche Wahrnehmungen nach Intensitätswahrnehmung und Unterscheidungswahrnehmung, das bedeutet, dass ihnen einfache, stereotype Muster zugrunde liegen, die Sehen, Hören, Riechen, Schmecken, Tasten nach ähnlichen Schemata ablaufen lassen. Guski zumindest sieht darin, wie er es nennt, eine neurobiologische Parallele.[81] Unter den Wahrnehmungsveränderungen, denen Menschen im Laufe ihres Lebens ausgesetzt sind, sind vor allem Hörminderungen im Alter und die damit verbundene Abschwächung der Lokalisationsleistungen von großer Bedeutung, wenn es um den Erhalt sozialer Kontakte und auch das sichere Bewegen in behüteten und öffentlichen Räumen geht. Schwerhörigkeit verändert die Wahrnehmung der Umwelt und ändert das menschliche Verhalten gravierend. „Hörminderungen beeinflussen die Möglichkeiten des Menschen, ihre Fähigkeit zur Kommunikation. Schwerhörigkeit führt zu Misstrauen und häufig zur sozialen Isolation."[82] Die Sinne wirken immer zusammen und unterliegen dabei offensichtlich einer Art wechselnder Dynamik, die es ermöglicht, Präferenzen der Wahrnehmung nach Vorlieben und Attraktion entsprechend herauszustellen. Mich erinnert dies an eine Verkehrskreuzung, wo verschiedene Richtungen und Fahrzeugarten ideal synchronisiert sind, um einen zügigen Ablauf des Verkehrs zu gewährleisten. Auch der Vergleich, den Henri Bergson brachte, leuchtet ein, wenn er äußert: „Das Gehirn ist also nach unserer Ansicht nichts anderes als eine Telefonzentrale: seine Aufgabe ist, ‚die Verbindung herzustellen' – oder aufzuschieben. Es fügt dem, was es empfängt, nichts hinzu; aber da alle Wahrnehmungsorgane mit ihren letzten Enden in ihm münden und alle motorischen Mechanismen des Rückenmarks und des verlängerten Marks ihre befugte Vertretung in ihm haben, so ist es in Wahrheit eine Zentralstelle, wo der peripherische Reiz Anschluss an diesen oder jenen motorischen Mechanismus gewinnt, den er sich jetzt wählt und nicht mehr aufdrängen lässt."[83] Das Zusammenspiel der Sinne, das sich als neuronales Muster im Gehirn über viele Jahre immer deutlicher ausbildet, hat seit etwa zehn Jahren zu neuen interdisziplinären Ansätzen in der Musik- und Architekturtheorie geführt, die sich auf die Grundlagen der von Merleau-Ponty erkannten körperlichen Wahrnehmung beziehen. „Wie die Weltperspektive des Anderen für mich, so ist der Raumbereich eines jeden Sinnes für andere Sinne ein absolut Unerkennbares und begrenzt ebenso sehr die Räumlichkeit dieser."[84] Das Denken ist damit untrennbar mit dem Ort einer Umgebung assoziiert, die das Erleben in seiner zeitlichen und räumlichen Verortung bestimmt. Anschaulich wird dies am Beispiel von Menschen, die über eine verlagerte Sensibilität der Wahrnehmung verfügen. „Die Welt des Blinden und die des Normalen unterscheiden sich voneinander nicht allein durch die Qualität des verfügbaren Materials, sondern darüber hinaus durch die Struktur des Ganzen."[85] Immer werden dabei sensorische Teilbereiche individuell so deutlich herausgestellt, dass bereits sinnliche Erfahrungen einen hohen Grad der Unverwechselbarkeit ausmachen. „Die Sinne sind voneinander und von der intellektuellen Einsicht verschieden, insofern ein jeder von ihnen eine nie völlig übertragbare Seinsstruktur mit sich trägt. Dies erkennen wir, wenn wir uns von allem Bewußtseinsformalismus befreien und den Leib als das Subjekt begreifen."[86] Damit wird der leiblichen Wahrnehmung jeder baulichen Umgebung der Status eines direkten Erkenntnisprozesses bescheinigt. Körperliche Wahrnehmung gilt damit als die primäre Erfahrung.

Demenz und Wahrnehmung

Ein Gespenst geht um, das Gespenst und die damit verbreitete Angst, mögliche erste Anzeichen eines meist natürlichen Alterungsprozesses bei sich oder seinen Angehörigen zu erkennen. Dabei ist mit der Zunahme der Lebenserwartung auch ein natürliches Risiko kognitiver Einschränkungen verbunden, denen aber gegengesteuert werden kann. Der Stellenwert, den das Wort „Demenz" und die damit assoziierten Vorstellungen seit einiger Zeit in der öffentlichen Diskussion einnehmen, verweist auf die Struktur unserer westlichen Gesellschaft, die zunehmend von der Generation älterer Menschen, also Menschen über 75 Jahre, geprägt werden wird. Durch den demografischen Wandel bedingt, steigt ihr Anteil bis in das Jahr 2030 kontinuierlich an, doch nicht zwangsläufig ist mit dem Alter jener dramatische Ausfall kognitiver und motorischer Fähigkeiten verbunden, wie er von vielen gefürchtet wird. Wenn die Voraussetzungen für ein gesundes Altern gegeben sind, so lassen sich die Wege ins Alter mit oft einfachen Mitteln positiv beeinflussen. Ähnlich wie die Prävention von Demenz durch eine ausgewogene Lebensweise und Kultur des Wohnens möglich ist,[87] spielen auch Ernährung, Bewegung und die Pflege sozialer Kontakte eine wichtige Rolle, ebenso wie die bauliche Umgebung, auf deren materiale und handwerkliche Qualitäten gerade ältere Menschen angewiesen sind. Gute Architektur stimuliert, regt die Sinne auf vielfältige Art an und bietet Orientierung sowie Sicherheit. Lebensnotwendig und deutlich sichtbar zeigt sich dies bei Akutkrankenhäusern und in Fällen einer fortgeschrittenen vaskulären Demenz, wenn eingeschränkte kognitive Funktionen nur noch bedingt zuverlässig die täglichen Handlungen

ausführen lassen. Alexandra Brylok verwendet einen weiter gefassten Begriff des Phänomens: „Mit Demenz wird eine Ansammlung von Symptomen bezeichnet, die durch unterschiedliche, das Gehirn beeinträchtigende Krankheiten verursacht wird. (…) Aufgrund der Einschränkungen, der Vielzahl der mit der Demenz verbundenen Orientierungsprobleme und des dadurch kleineren Aktionsradius sind dementiell erkrankte Menschen stärker auf unterstützende Wohnbedingungen angewiesen."[88]

Unterschiedliche Formen der Demenz lassen sich in ihren typischen Ausprägungen in der Literatur finden. Diese reichen von vaskulärer Demenz über Demenz bei einer Parkinsonkrankheit bis hin zu behandelbaren, reversiblen Demenzen. Letztere bilden sich im Zusammenhang mit der Unterfunktion der Schilddrüse als Vitaminmangel (B1, B6, B12) sowie als Folge des Alkoholmissbrauchs aus. Diese Form der Demenz zeigt sich in Einschränkungen kognitiver Kompetenzen wie der Verlangsamung von Bewegungsabläufen, dem Rückgang der Aufmerksamkeitsleistung und der Gedächtnis- und Sprachleistungen; ebenso treten akute Unruhezustände auf, zudem sind Persönlichkeitsveränderungen bekannt. Durch Einnahme von Schilddrüsenhormonen, Änderung der Ernährung durch Aufnahme vitaminhaltiger Kost und den Verzicht auf Alkohol können kognitive Funktionen verbessert, bisweilen sogar umfassend wiederhergestellt werden.[89] Die von Demenz betroffenen Menschen leiden förmlich unter einem geschwächten Selbstbewusstsein, das wieder aufgebaut werden muss. Verschiedene Ziele wurden kürzlich formuliert: „Ziel muss es sein, Selbstständigkeit und Selbstwertgefühl und die Kompetenz der Betroffenen durch die Anpassungsfähigkeit zu unterstützen. Sicherheit für den Dementen und sein Umfeld zu schaffen. Orientierung für ein selbstbestimmtes Leben zu bieten und die Anregung und Förderung der geistigen Fähigkeiten zu bieten."[90]

Raumwahrnehmung

Mit dem Verlauf des Alterns sind zunehmend auch Änderungen im Erleben und Verstehen von Räumen, Sprache und Personen verbunden, deren vormals bekannte Identität nur noch bedingt als eine Einheit erlebt werden kann. Eine Orientierung im Raum ist für viele Menschen mit Demenz nicht mehr nach den bekannten Standards des Bauens möglich.[91] Um die Lebensqualität im Gebäude zu sichern, sollten, nach Verhaest, so wenig Abschottungen wie möglich auftauchen, die den Menschen das Gefühl des Eingeengtseins vermitteln. „Wenn wir Frustrationen aufgrund von verschlossenen Ausgangs- und Dienstleistungstüren vermeiden wollen, können wir das erreichen, indem wir sie so diskret wie möglich erscheinen lassen, (…), im Garten kann man eine natürlich aussehende Begrenzung schaffen, so dass Bewohner sich nicht eingeschlossen fühlen. (…) Eine solche Begrenzung sieht auch vor, dass attraktive Anker-Plätze für die Bewohner geschaffen werden, die leicht (…) zu finden sind und mit dem Lebensraum unmittelbar verbunden sind."[92] Ein intuitives Verstehen von Räumen und von deren Funktionen wird ebenso gefordert wie der für jeden Bewohner offene Zugang zu sämtlichen Räumen. Umgekehrt erweisen sich multifunktionale Räume als verwirrend. Für alle Ansätze aber gilt vor allem: Es werden Räume nötig, die ein hohes Maß an Qualität aufweisen, in denen sich Menschen gerne aufhalten. Dies kann nur möglich sein, wenn die akustischen und weiteren sensorischen Qualitäten einladenden Charakter haben. Nur wenn wir uns die Wichtigkeit sozialer Kontakte vergegenwärtigen und uns bewusst sind, in welchem Zusammenhang die Möglichkeit dazu mit der besonderen Wahrnehmung von Räumen steht, können Planung und Ausführung richtungsweisend sein. Verhaest: „In der Konsequenz lädt eine demenzfreundliche Umgebung dazu ein, die Erinnerung, die Erkundung und die Aktivität erfolgreich anzugehen."[93] Architektur für Demenz ist mehr denn je gefordert. Eckhard Feddersen spricht in seinem neuesten Buch zum Thema schlicht von *Raumverlorenheit*. Das Wohnen von Menschen mit kognitiven Einschränkungen ist bestimmt von der Angst, im weiteren Verlauf die Kontrolle über den eigenen Körper und damit auch über die ihn schützende Umgebung zu verlieren. Vor allem Stürze durch das Übersehen von Hindernissen wie Schwellen, Stufen, Treppen, Glastüren und niedrige Möbel sowie durch Spiegelungen werden zur Gefahr. Zudem erscheinen Muster an Wänden und im Fußbodenbelag zunehmend als gefährliche, da nicht (mehr) bekannte Objekte. Daraus ergibt sich die planerische Anforderung, Räume und Raumfolgen klar zu gliedern, auch für die Inneneinrichtung.

Gestalttheorie und Raumwahrnehmung

Einen wichtigen Hinweis zum Verhältnis von Gestalt und Wahrnehmung bieten aus Sicht der Medizin Konrad Maurer und David Prvulovic. Sie konnten den Nachweis erbringen, dass die Abnahme kognitiver Kompetenzen im Bereich des Bilderlebens und der Wiedergabe erlebter Realität im Laufe der Zeit eine Verschiebung erfährt, die unmittelbar Rückschlüsse auf die Wahrnehmung von Räumen durch von Alzheimer-Symptomen betroffenen Menschen liefert. Ihre Studie *Wenn die Gestalt zerfällt* bestätigt umfänglich die Gesetze der Gestalttheorie und verbindet diese mit der Neurologie. „Allen Gestaltgesetzen ist gemeinsam, dass sie in der Art und Weise beschreiben, wie unser Gehirn den mit potenziell unendlich vielen Bildinformationen ausgefüllten Seheindruck in bedeutsame Strukturen und Formen organisiert. Demnach ist der Seheindruck – so wie wir ihn subjektiv wahrnehmen – bereits das Ergebnis einer komplexen visuellen Informationsverarbeitung im Gehirn."[94] Mit dem Verlust der synchronen Aktivität der Gestaltwahrnehmung lösen sich die Konturen auf, Bilder fallen förmlich auseinander. Damit wird die Theorie der Abstraktion, wie sie Arnheim vorgelegt hat, in ihren Grundannahmen bestätigt. Seine Theorie verbinden Maurer und Prvulovic mit dem Verlauf einer Krankengeschichte; dadurch können Arnheims Annahmen von Graden der Abstraktion und deren Kompensation als einer kognitiven Leistung umfassend bestätigt werden. Anhand des Krankheitsverlaufes des Künstlers Carolus Horn (1921–92) wird diese Entwicklung nachgezeichnet. Der in den 1950er Jahren bekannte Künstler, der unter anderem für Werbeagenturen an Aufträgen von Coca-Cola, Opel und Esso arbeitete, erkrankte Ende des Jahres 1978 an Angina pectoris und erlitt vier Jahre später einen Herzinfarkt. Seitdem verschlechterte sich sein Gesundheitszustand. „Er wurde eigensinniger, gereizter und misstrauisch. Dies waren wahrscheinlich die ersten Anzeichen der Demenzkrankheit. Es folgten Gedächtnisstörungen, Zeitgitterstörungen sowie Orientierungsstörungen. Die Fähigkeit zu rechnen sowie zum abstrakten Denken schwand. Es stellten sich Sprachstörungen ein."[95] Bei dem Künstler wurde eine fortschreitende Demenz diagnostiziert, die nicht näher spezifiziert wurde. Die Erfassung von Räumen zeigte während der Befunde die typischen Auflösungen, die zudem in seinen Bildern deutlich erkennbar wurden. Der Verlust räumlicher Perspektive und der damit verbundene Verlust räumlicher Gliederung zeigten sich auch in der Unfähigkeit, Bewegung im Raum zu erfassen.

Perspektive und Farbe

Als Folge solch gravierender Einschränkungen entstanden verzerrte Darstellungen, die an Zeichnungen von Kindern erinnern mochten, da Perspektiven und Größenverhältnisse unwillkürlich aufgelöst schienen. Ebenso gravierend wurde die dramatische Veränderung der Farbpalette empfunden.

„Dominieren zu Beginn der Erkrankung noch vorwiegend dunklere und blaue Farbtöne, ändert sich das Farbverhältnis in seinen späteren Werken massiv zugunsten heller, leuchtender, überwiegend gelb-rötlicher Farben. Im Endstadium der Erkrankung ist schließlich der Verlust jeglicher Objekt- und Gestaltstruktur zu erkennen. Seine Zeichnungen bestehen weitestgehend aus Bleistiftkritzeleien."[96] Die beschriebene Präferenz bestimmter Farbtöne kann insgesamt bei älteren Menschen festgestellt werden, sie scheint bereits seit der frühkindlichen Prägung und als Schema der Benennung in unserem Bewusstsein angelegt. „Nehmen wir eine Farbe wie Orange. Da wir außerdem noch Rot und Gelb kennen, können wir Orange in einem Sinn als gelb, im anderen als rot auffassen und sagen, dass es eine Zusammensetzung von Gelb und Rot ist."[97] Erinnerung ermöglicht es, die Benennung der Farbe Orange aus zwei Richtungen vorzunehmen. Was nach Bergson wiederum zeigt, dass „unsere gewöhnliche Logik eine retrospektive Logik ist. Sie kann es nicht lassen, in der Vergangenheit als sogenannte Möglichkeit oder Virtualitäten die gegenwärtige Wirklichkeit zurück zu projizieren".[98]

Multisensorische Räume

Kombiniert man diese Ergebnisse mit den Anforderungen an ein Bauen für Menschen mit kognitiven Einschränkungen, so liegt nach Marquardt, Büter und Motzek in der multisensorischen Gestaltung von Räumen die Zukunft. Eine multisensorische Gestaltung bewirkte bei den Bewohnern unter anderem eine Abschwächung des Wanderdrangs sowie einen Rückgang aggressiver Handlungen.[99] „Der gezielte Einsatz von Licht, Farben und Kontrasten sowie die Planung von akustischen Maßnahmen ist ein wesentlicher Bestandteil einer demenzfreundlichen Architektur von Altenpflegeeinrichtungen. Insbesondere die Auswirkung von Licht auf Altenpflegeheimbewohner mit Demenz (…) zeigt, dass Lichttherapien das Schlafverhalten von Menschen mit Demenz positiv beeinflussen."[100] Als Leitfaden kann die zitierte Studie genutzt werden, deren Annahmen in Form einer umfassenden Realisierung überprüft werden müssen. Auch Teilbereiche sensorischer Verbesserungen bedingen bereits ein gesteigertes Wohlbefinden, das sich in der besseren Orientierung zeigt. Gute Gestaltung kann zu umfassend positiven Ergebnissen führen, die aber nur im Zusammenwirken von persönlicher Ansprache und den baulichen Bedingungen erfolgreich sind.[101]

Lokalisation akustischer Ereignisse im Raum

„An einem Tag, als die Fenster offenstanden, spielte Christian Wolff eines seiner Stücke auf dem Klavier. Verkehrsgeräusche, Schiffssirenen hörte man nicht nur in den Pausen, sondern, da sie lauter waren, besser als die Töne des Klaviers. Nachher bat einer Christian Wolff, das Stück bei geschlossenen Fenstern zu wiederholen. Christian Wolff meinte, gerne würde er das tun, doch wäre es eigentlich nicht nötig, da doch die Klänge der Umgebung durchaus nicht jene der Musik unterbrächen."[102]

Was im New York City der frühen 1970er Jahre auf dem Feld zeitgenössischer Komposition als Frage eines Verhältnisses gestalteter und zufälliger Ereignisse angedeutet wird, trifft den Kern jenes Problems, das mit der akustischen Fokussierung diskutiert wird. Wenn es um die Beschreibung von Phänomenen der Aufmerksamkeit geht, entscheidet der hörende Mensch, wie detailliert er das Ereignis erfasst. Die akustische Umwelt ist weitaus komplexer, als sie sich in der Beschreibung von Schallphänomenen und deren Benennung darstellt. Da wir meist gefordert sind, aus mehrfach sich überlagernden Ereignissen auszuwählen, nämlich das, was wir hören müssen und wollen, sind im Akt des Hörens wiederum Erinnern, Hören und Erwartungen simultan zu leisten. Nicht nur die Beschreibung dieser Haltung zum akustischen Ereignis gestaltet sich als komplexer Vorgang, auch die Schallereignisse selbst breiten sich in Abhängigkeit ihrer Frequenzen und Dynamik im Raum aus und müssen als Prozess beschrieben werden.

Grundsätzlich werden Bewegungen im Raum neben der visuellen Ortung von der Gestalttheorie als akustische Ereignisse und Abläufe klassifiziert, die als Reiz und Reaktion in der Literatur mit unterschiedlich gelagerten Interessen ausgewiesen sind. Gemeinsam sind den Besprechungen, dass Vorgänge akustischer Lokalisation als physikalische Abläufe und kognitive Prozesse erkannt werden, die jeweils abhängig sind von baulichen Voraussetzungen sowie Aufnahme und Perzeption des Schalls. Eine Kette zusammenwirkender Faktoren lässt sich aufstellen, die vom Empfang, vom Beurteilen eines sensorischen Ereignisses bis zu dessen Funktion und Identifikation reicht. Bereits Erkennen und Benennen einer Schallquelle sind abhängig von der Anzahl akustischer Signale sowie deren Zusammenspiel und Überlagerung. Ereignisse und Dichte der Impulse sowie deren Eigenschaften erfordern unterschiedliche Konditionierungen. Dabei lassen sich Wahrnehmen und Begreifen von Ereignissen und Dingen als ein zeitlich weitgefasster Prozess beschreiben, dessen Spezifizierung im Laufe des Lebens vielen Variablen ausgesetzt ist. Somit beruht bereits die vermeintlich einfache Identifikation sensorischer Ereignisse – wie die Identifikation akustischer Ereignisse im

Raum – auf früh erlerntem und dann lange erinnerbarem Wissen, um auf diesen Grundlagen akustische Situationen zu verstehen und Handlungsoptionen daraus abzuleiten. In der Kette der Lokalisation akustischer Ereignisse wird allgemein die Richtung des Schalls als wesentliche Eigenschaft angenommen, dessen akustische Wahrnehmung sich mindestens in vier Komponenten aufgliedern lässt.

Schallrichtung

Zunächst wird dabei Hören mit beiden Ohren vorausgesetzt. An erster Stelle kann der Laufzeitunterschied angeführt werden, der über das verzögerte Einwirken des Schalls auf die beiden Ohren bedingt ist. Es wird davon ausgegangen, dass die Differenz in der Schallerkennung zwischen rechtem und linkem Ohr bei einem Abstand der Ohren von ca. 15 Zentimetern etwa 100 Millisekunden beträgt. Diese Verzögerung reicht aus, um eine Kompensation kognitiver Abläufe zu erwirken, die zur Richtungsbestimmung führt. An zweiter Stelle ist die Ausrichtung des an den Ohren aufkommenden Schallsignals anzuführen, das nur Frequenzen unter 1500 Hertz betrifft, da schnellere Impulse nicht erfasst werden können, was mit einer gewissen Trägheit der mechanisch wirksamen Teile des Innenohrs zusammenhängt, die im Laufe des Lebens an Leistungskraft einbüßen. Als dritter Faktor wird der interaurale Intensitätsunterschied bezeichnet, er ist für die Ortung hoher Frequenzen, das heißt solcher über zwei Kilohertz bis drei Kilohertz zuständig. Aufgrund der Geschwindigkeit des Schalls ist die Richtungsbestimmung kontinuierlicher Töne und Klänge wie auch von impulshaften Geräuschen kaum möglich, da der Schall in der Regel an vielen Stellen reflektiert oder abgelenkt wird. An vierter Stelle ist die Unterscheidung zwischen vorne und hinten zu benennen, die durch die Form der Außenohren ermöglicht wird, welche Impulse von vorne, besonders solche hoher Frequenzen ab fünf Kilohertz, „in richtungsbündelnder Weise verstärken".[103] Durch das Drehen des Kopfes kann eine Feinabstimmung erfolgen, die Sicherheit über die Ortung verschafft, wenn das Ereignis zudem visuell erfasst werden kann. Diese Form der Hinwendung zum Schall ist bei den Säugetieren unterschiedlich angelegt, der Mensch muss seinen Kopf dem Schallereignis zuwenden, da er nicht in der Lage ist, seine Ohren zu drehen. Neben dem Hören mit den Ohren können auch tiefere Frequenzen erkannt, nicht mehr aber in der Richtung geortet werden, da sich diese Frequenzen dem gesamten Körper über die Hohlräume in den Knochen mitteilen und über Nervenbahnen in das Gehirn gelangen. Hören mit den Ellbogen, der Kniescheibe und dem Beckenboden gewinnt in Phasen des hohen Alterns an Bedeutung, wie auch der späte, bereits taube Ludwig van Beethoven noch mit mechanischen Hilfsmitteln am Klavier Meisterwerke für Streichquartette und andere Instrumentalgattungen komponierte.

Leben ohne akustische Orientierung

Ein Leben ohne akustische Wahrnehmung ist aus Sicht der Evolution kaum denkbar. Klaus-Ernst Behne beschreibt die Bedeutung der auditiven Wahrnehmung als eine sensorische Höchstleistung, die sich durch eine besondere analytische Differenziertheit auszeichnet. „Es ist vor allem das Erkennen der Richtung, bei dem das Ohr Erstaunliches leistet, weniger die Bestimmung der Entfernung. Im frontalen Bereich können wir beispielsweise mit geschlossenen Augen zwei Klangquellen richtungsmäßig unterscheiden, die nur ein Grad voneinander entfernt sind."[104] Abhängig sind diese Ortung und Spezifizierung in den bereits benannten Bereichen nach Behne von der interauralen Pegeldifferenz, der Zeitdifferenz bis 1500 Hertz sowie der Zeitdifferenz der Signalhüllkurven, die oberhalb von 150 Hertz liegen. Weitere Faktoren, die eine Ausbreitung der Signale beeinflussen, sind durch Bedingungen der architektonischen Umgebung gegeben. Die eigentliche Leistung der Wahrnehmung besteht in der Verarbeitung sensorischer Impulse, die eine Raumgestalt erst möglich macht. So ist auch das Ohr in der Lage, „einen tendenziell diffusen Eindruck der Räumlichkeit zu vermitteln, der uns auf die Größe und Strukturiertheit des Raumes schließen lässt. Es handelt sich um eine Anmutungsqualität, die gleichwohl physikalisch bestimmt ist, nämlich durch den prozentualen Anteil des Seitenschalls im Verhältnis zum Direktschall".[105] Es ist unserer sensorischen Erfahrung zuzuschreiben, dass wir der Prägnanz visueller Erfahrung mehr vertrauen als der akustischen. Denn „im Gegensatz zur visuellen Raumwahrnehmung – die der auditiven Fähigkeit der räumlichen Lokalisation überwiegt, wenn diese nicht ausschließlich erfahrungsbedingt sind[, ist] die räumliche Orientierungsfähigkeit von Blinden durchaus auch von Sehenden nach entsprechendem Training möglich".[106] Dies bedeutet, dass die räumliche Orientierung von den Erfahrungen kognitiver Erlebnisse geprägt wird, die auch vom Ertasten von Oberflächen bestimmt sein können. Alle Abweichungen von den uns als normal erscheinenden Orientierungen fordern Erklärungen, die aus Sicht der Gestalttheorie im Zusammenhang des Alters und der Geschwindigkeit der Signalverarbeitung beschrieben werden. „Verschiedene Experimente lassen vermuten, dass die Geschwindigkeit, mit der chemische Vorgänge im Körper ablaufen, möglicherweise die Zeitwahrnehmung beeinflusst."[107] Das Bild, das uns als Gestalt erscheint, ist also in Wahrheit nur die kurze Station eines Prozesses, der sich als Moment zum Eindruck verfestigt. Hören und Ortung werden als Ergebnisse eines Vorganges lebenszeitlichen Lernens gesehen, der, wenn er durch Bedingungen der Umwelt oder gesundheitliche Einschränkungen gestört wird, meist nicht mehr vollständig reaktiviert werden kann. Auf die Relevanz solcher Versuchsreihen, die sich auf Säugetiere beziehen, wird regelmäßig verwiesen.[108] Hier beziehe ich mich auf einen Versuchsaufbau, der die Erforschung von Botenstoffen zur Grundlage hatte, um die Identifikation akustischer Ereignisse im

Zusammenhang mit dem weißen Rauschen bei einem Säugetier zu beobachten. Es konnte belegt werden, dass biochemische Vorgänge in Abläufen nachweisbar sind, die durch das Ausschütten von Botenstoffen im Gehirn deutlich werden, wenn Vorgänge von Lernen und Erinnerung aktiv sind. Am Beispiel einer Versuchsreihe mit einer Wüstenrennmaus konnte dokumentiert werden, dass eine Veränderung der Botenstoffe mit der Impulsverteilung zur veränderten Raumwahrnehmung führt.[109] So ist die „Entwicklung der Verteilung der glyzinergen Synapsen an MSO-Neuronen in Wüstenrennmäusen abhängig von der Erfahrung räumlicher Signale. Wurden diese Signale durch omnidirektionales Rauschen während einer kritischen Periode kurz nach Hörbeginn maskiert, so wurde die Beschränkung der inhibitorischen Eingänge auf das Soma im Laufe der Entwicklung teilweise unterdrückt."[110] Durch gezielte therapeutische Maßnahmen lassen sich jedoch in allen Lebensphasen motorische und kognitive Leistungen teilweise reaktivieren.

Raum bietet Orientierung

Aufgrund der Vielzahl resonanzfähiger Räume im menschlichen Körper[111] ist es realistisch, selbst gehörlosen Menschen mittels vibrotaktiler Schallimpulse körperliches Erleben von Klang zu ermöglichen.[112] Da Klänge in Abhängigkeit von der körperlichen Konstitution, das heißt von Alter, Körperbau und individueller Konditionierung, erlebt werden, können nur generalisierte Aussagen gemacht werden. Dabei werden Abfolgen von Frequenzen, die auch direkt auf den Körper einwirken, genutzt, um positive Reaktionen auszulösen.[113] Die persönliche Erinnerung an Geräusche und deren Interpretation erwies sich als wichtigster Faktor beim Erkennen und Beschreiben akustischer Impulse. Das Erleben der Geräusche ist dementsprechend individuell unterschiedlich ausgeprägt. Hinsichtlich akustischer Qualitäten von Räumen gilt es, die Ausbreitung des Primärschalls durch die Wahl der Oberflächen so zu gestalten, dass der Schall wenig gebrochen wird. Akustisch gute Räume sind daher solche, die eine hohe Sprachqualität aufweisen, da nur wenige Reflexionen und von außen kommende Störgeräusche das Signal des Primärschalls überlagern und dessen Identifikation erschweren. Einfach gestaltete Räume lassen in der Regel akustische Signale als einfache Muster bestehen, die Analyse des Schallmusters ist entsprechend einfach zu leisten. Es zeigt sich, dass eine Ortung der im Raum befindlichen Schallereignisse maßgeblich dazu beiträgt, sicher zu gehen. Nicht zu unterschätzen ist die Kraft des Impulses, den das Gehen im Raum erzeugt und in Abhängigkeit von Material und Raumgestalt in den Raum akustisch hineinlegt. Kriterien für akustisch gute Räume werden in der Literatur bislang weitestgehend nach Maßstäben der für Musik geplanten Architektur qualifiziert. Ideale Voraussetzungen für ein gutes Hören sind in Anlehnung an die Untersuchungen von Donald E. Hall: Klarheit, gute Verständlichkeit, die auch deutliche Artikulation und saubere Tonerzeugung zur Voraussetzung hat. Das Einbeziehen des Hörers wird vorausgesetzt, seine Ansprache ist Grundbedingung. In einem Konzertsaal soll der Schall an allen Sitzplätzen die Hörer erreichen. Hallzeiten und Echos, das heißt Reflexionen und Überlagerungen, sollen vermieden werden. Niedrige Geräuschpegel sollten im Raum vorherrschen.[114] Geräusche, die nicht unmittelbar identifizierbar sind, beanspruchen die gesamte

Aufmerksamkeit und können sogar verunsichern. Es zeigt sich, dass Menschen mit leichter Demenz und altersbedingten kognitiven Einschränkungen auf eindeutige Wege und klare Signale angewiesen sind. Hohe Komplexität verwirrt und erschwert die Orientierung im Alltag. Abstrakte Formen werden nicht mehr als Muster erkannt. Um Menschen mit kognitiven Einschränkungen die Wahrnehmung der Welt zu ermöglichen, braucht es einfache Strukturen in Architektur, Ambiente und Kommunikation und in der Welt der visuellen und akustischen Zeichen.

Orientierung im Raum

Bisherige Überlegungen und Untersuchungen zu sensorischen Qualitäten in Altenwohnanlagen[115] und Krankenhäusern[116] berücksichtigen den Aspekt des Hörens nur am Rande. Dabei dominiert die visuelle Orientierung im Raum die binokulare Einschätzung von Entfernungen. Die Lokalisierung von Schallquellen im Raum wird vereinfacht nach dem Prinzip binauraler Ortung angenommen, was nur bei einem gesunden, beide Ohren betreffenden

Hören möglich ist. Die Erfahrung jedoch zeigt, dass gerade mit dem Nachlassen der Sehkraft und des Hörvermögens selbst gewohnte Räume zunehmend zur kaum zu bewältigenden Herausforderung werden.[117] Gravierende Auswirkungen zeigen sich besonders in Akutkrankenhäusern, wo die Problematik fehlender Orientierung täglich zu erleben ist; die mangelhafte bauliche Situation löst regelmäßig dramatische Verschlechterungen des Gesundheitszustandes aus. Werden hingegen bekannte und erinnerbare räumliche Resonanzen, die aus Komponenten wie Material, Oberflächen und der Möblierung resultieren, wenigstens teilweise angeboten, so können neue Räume auch noch im hohen Alter erschlossen und positiv erlebt werden. Der Einfluss der Vertrautheit, die als zentrale Grundlage in der Psychologie der Wahrnehmung als Erkennen von Mustern bekannt ist, funktioniert auch hier als Modell in verschiedenen Bereichen.[118] Obwohl sich alle Sinne altersbedingt verändern, kann der Hörsinn andere nicht mehr so gut funktionierende Systeme wie das Sehen unterstützen. Möglichkeiten, die immer schwieriger werdende räumliche Orientierung durch den Hörsinn zu erleichtern, werden bislang kaum berücksichtigt.[119]

Gestalt und Muster des Hörens im Raum

Die Beschreibung visueller Wahrnehmung von Gebäuden und lebensweltlichen Umgebungen unterliegt, trotz aller Differenzierungen,[120] offensichtlich weniger komplexen Reduktionen als jene der akustischen Wahrnehmung. Hören und das sichere Gehen ergänzen sich. Irrt ein Mensch in einer ihm nicht mehr vertrauten und nicht mehr erinnerbaren Umgebung herum, so können wir und das pflegende Personal diese Irritationen als Suche nach Orientierung im Raum unmittelbar erfassen. Orientierungslosigkeit wird schnell sichtbar und wirkt sich unmittelbar aus; eine fehlende oder eingeschränkte akustische Wahrnehmung der Umgebung jedoch teilt sich weniger deutlich mit. In vielen Bereichen besteht Forschungsbedarf.[121] Die wissenschaftlich-systematische Erforschung im Bereich der Psychologie der Wahrnehmung, die als Theorie der Gestaltwahrnehmung entwickelt wurde, nutzt zahlreiche Belege, um ihre Thesen – die oft aus dem Feld der bildenden Kunst und deren Wissenschaften stammen – zur Erklärung von Symptomen kognitiver Einschränkungen anschaulich zu machen. Anwendung finden diese vor allem in der Entwicklungspsychologie von Kindern[122] und zunehmend auch im Bereich der Demenzforschung.[123] Hilfreich für weiterführende Hypothesen sind die Ausführungen von Arnheim zu den kognitiven Leistungen im Erfassen abstrakter Formen,[124] die unter bestimmten Voraussetzungen als Ganzheit erkannt werden können. Einfache Gesetze sind es zunächst, die im Rahmen der Gestalttheorie aufgestellt wurden, und es ist für das Verständnis hilfreich, sich diese zu vergegenwärtigen. Es sind Positionen im Raum, die durch Abstände bestimmt werden, die dann durch Prozesse im Gehirn erst zu Bildern werden können.

„Das Ganze ist verschieden von der Summe seiner Teile", ist einer der Haupt-lehrsätze der Gestaltpsychologie und stammt von Max Wertheimer. Den Grundstein der Gestalttheorie legte allerdings schon 1890 der österreichische Psychologe und Philosoph Christian Freiherr von Ehrenfels (1869–1932), der die nach ihm benannten Gestaltqualitäten erstmalig beschrieb. „In den Ge-staltgesetzen werden bestimmte Gesetzmäßigkeiten der visuellen Wahrneh-mung formuliert."[125] Interessant für die planerischen Phasen, für ein idealty-pisches Bauen für Demenz ist, dass offensichtlich Parallelen zwischen der Wahrnehmung von Gestalten, wie dem Sehen und Hören eines ebensolchen Abbilds (von Gestalten), bei kognitiven Prozessen nachweisbar sind, wie dies bereits Arnheim (1954) angenommen hat. Durch die neuere Forschung be-stätigt, können diese Parallelen nun in der Planung berücksichtigt werden: „Allen Gestaltgesetzen ist gemeinsam, dass sie die Art und Weise beschrei-ben, wie unser Gehirn den mit potentiell unendlich vielen Bildinformationen ausgefüllten Seheindruck in bedeutsame Strukturen und Formen organisiert. Demnach ist der Seheindruck – so wie wir ihn subjektiv wahrnehmen – be-reits das Ergebnis einer komplexen visuellen Informationsverarbeitung des Gehirns."[126] Erneut kann daher das Prinzip der Mustererkennung als das gängige Modell angesehen werden, um die Schnittstellen zwischen visuellen und auditiven Prozessen anschaulich zu machen. Ein Ablauf, der von der Auf-nahme des primären Reizes bis zur bildgebenden Verarbeitung im Gehirn ei-nen komplexen Weg zurücklegt. Vom Impuls, aufgenommen von Augen und Ohren, bis zu seinem Erkennen und zu seiner sprachlichen Fassung lassen sich einzelne Stationen benennen. Hinweise zur Beschreibung akustischer Wahrnehmung finden sich wenige jenseits der medizinischen Forschung.[127] Hier kann auf Erkenntnisse der systematischen Musikwissenschaft zurück-gegriffen werden. In der Musikpsychologie liegen Ansätze einer Theorie der Gestaltwahrnehmung und damit auch zur Bildgebung akustischer Formen rudimentär vor. Der Komplexität individuellen Hörens hat bislang jedoch kaum eine anerkannte Theorie Genüge getan. So verwundert es nicht, dass die Beschreibung musikalischer Gestalten im Bereich der Theorie musikalischer Wahrnehmung nach traditionellem Verständnis mit dem Verlauf einer auf Tonhöhen basierten Fortschreitung definiert wurde. Mit dieser Grenzziehung waren und sind bis heute weitreichende Ausschlüsse verbunden. Dabei wird die Theorie der Tonhöhenerkennung als kognitive Leistung der Signalverar-beitung nach den Regeln harmonischer Abstufungen von Grundton und wei-terklingenden Teiltönen praktiziert. Sie ist in der Folge von Grundton- und Obertonreihe bei den Instrumenten unterschiedlich ausgebildet und es sind weitere Faktoren wie Einschwing- und Ausschwingvorgänge für den jeweils typischen Klang eines Instrumentes maßgeblich. Aber es sind nur wenige Instrumente so einfach zu identifizieren wie die Töne eines Klaviers. Während Tonfolgen eines wohltemperierten Klaviers eine nahezu proportional gleichmäßige harmonische Verteilung aufweisen, zeigen Glocken und Pauken unregelmäßige Klangspektren, die jedoch von unserem Gehirn bereits zu einem Muster zusammengefügt werden können.[128] Kompliziert wird es, wenn Anteile unregelmäßiger Schwingungen den Einschwingvorgang dominieren. Meist sind dies dann Geräusche, die jeder Tonerzeugung bei Zupfinstrumenten, Streichinstrumenten, Blasinstrumenten und Schlagwerk eigen sind, und als solche identifiziert werden können. Sie bilden offensichtlich Bestandteile jener Muster, die als für die Instrumente charakteristische Klangbilder erkannt werden. Die hiermit angedeuteten kognitiven Leistungen – die im Bereich der Tonhöhenwahrnehmung mit dem Idealfall eines musikalischen Tones skizziert sind – setzen seitens des Hörers die Möglichkeit voraus, etwas schon Bekanntes wie einen Instrumentenklang auch als solchen erinnern zu können. Ton und Melodie, Erweiterung und Stauchung galten in der Vergangenheit die Aufmerksamkeit einer an proportionalen Grundlagen orientierten Beschreibung dessen, was als Ursprung und Wesen der Musik gesehen wird. Als ästhetisch wertvoll zum Leitbild erhoben wurden dabei regelmäßige und vorhersehbare Schwingungsformen. Die zunehmende Komplexität musikalischer Formen durch die Erweiterung des Instrumentariums brachte eine auf Zahl und Proportion basierende Logik musikalischen Denkens jedoch an ihre Grenzen. Wissenschaftlich nicht geklärte Fragen betreffen sowohl die Erkennung von Sprache als auch einen musikalisch beschreibbaren Prozess. Die zur Verfügung stehenden Begriffe reichen bislang kaum aus.[129]

Dabei bilden vor allem akustische Ähnlichkeiten Probleme, wenn erstens „Bereiche in benachbarten Frequenzbändchen ausreichend ähnliche Bewegungen erfahren, so dass sie keine unabhängigen Informationen an das Gehirn"[130] übermitteln können. Zweitens: Klänge erweisen sich als nur schwer identifizierbar, wenn deren Teiltöne mit jeweils unterschiedlichen Lautstärken erklingen. Bereits diese Beispiele belegen, dass es weniger funktionale Elemente des Hörorgans sind, die für das Entstehen von Höreindrücken verantwortlich sind, sondern vielmehr die Prozesse selbst, die für die Signalverarbeitung im Gehirn zuständig sind. Sie erst machen es möglich, ähnlich wie im Bereich der visuellen Mustererkennung, dass es auch im Bereich auditiver Vorgänge zu einer Art von Identifizierung kommt. Dies bedeutet, dass nur bekannte Muster eindeutig identifiziert werden und nicht erlernte Gestalten abgelehnt werden. Treten Störungen auf, kann grob unterschieden werden.

Störungen des Hörens

Medizinisch wird zwischen peripherer und retrocochleärer Hörstörung unterschieden, die zwischen der Innenohrfunktion und der Signalverarbeitung im Gehirn in verschiedenen Altersgruppen auftritt. Während in den Gruppen der 15- bis 30-Jährigen und der 31- bis 60-Jährigen in der Hauptsache funktionale Störungen des Innenohrs – und dort vor allem die Störung

der Haarzellen, die Schallwellen in elektrische Impulse übertragen – festgestellt wurden, nimmt die Geschwindigkeit und Zuverlässigkeit der Signalverarbeitung im Alter über 80 Jahre deutlich ab.[131] Lernen und Wiedererkennen prägen sich lebensweltlich zu einem Kreislauf aus, der altersbedingt unterschiedliche Bereitschaft für den Neuerwerb von Mustern aufweist. Um sich im Bereich auditiver Leistungen einen Überblick zu verschaffen, wurde die Methode der Signalerkennung im Feld des Rauschens aufgegriffen.[132] Untersucht wurde die Kompensationsleistung des Gehirns, nämlich abstrakte akustische Formen, die wie Fragmente eines Ganzen erscheinen, dennoch als eine Gesamtheit zu erkennen.

Signalerkennen im Feld des Rauschens

Die Überlagerung verschiedener Schallimpulse erfordert die Fähigkeit zu einer Selektion, die Ereignisse nach deren Bedeutung bewertet, um die relevanten Informationen aus dem gesamten Feld identifizieren zu können. Mit zunehmendem Alter kann diese Fähigkeit zurückgehen, wenn es zu funktionalen Störungen kommt. Ebenso nachteilig wirkt sich die rückläufige Bereitschaft von Menschen aus, wenn sie sich zunehmend komplexen Anforderungen entziehen. Wir sind jedoch ein Leben lang in der Lage, auch dann noch Gestalten zu erfassen, wenn nicht alle Informationen vollständig in einem Reiz zu einem Bild führen. Anhand unterschiedlicher Felder akustischen Rauschens kann beobachtet werden,[133] wie das Mustererkennen funktionieren mag. „Das Gehirn versucht die Möglichkeiten, geordnete Muster auch dann zu entdecken, wenn solche im originalen Schallreiz gar nicht vorhanden sind."[134] Dabei müssen funktionale Hinweise auf akustische Gestalten, die

Informationen über ihre Erzeuger geben, unterschieden werden von Sprache und musikalisch erdachten Kompositionen. Tonhöhe und Impulsstärke sind entscheidend für das Erfassen und den Akt der Identifikation. Ebenso ist das akustische Umfeld von Bedeutung, wenn es darum geht, konkrete Gestalten aus einer indifferenten klanglichen Gesamtheit herauszuhören.

Kognitives Training

Das Ganze zu denken, ist kaum möglich. Wenn es darum geht, eine Vorstellung davon zu gewinnen, unter welchen Voraussetzungen kognitive Prozesse ablaufen, so entzieht sich dies schnell einer anschaulichen Lösung, die Darstellungen bleiben folglich vage.[135] Innovative Ansätze zum Denken über Prozesse der Aneignung sind gefragt. Erneut sollten daher die Wissenschaften zusammenwirken, um der Vielzahl von Perspektiven eine ebensolche Fülle an systematischen, tradierten akademischen Standorten entgegenzusetzen. Verschiedene Ansätze zwischen Phänomenologie, Psychologie, Kognitionswissenschaften, philosophischer Systemtheorie, Kunstwissenschaft und einer interdisziplinären Musiktheorie kreuzen dabei ihre Wege, wenn es um die Beschreibungen einzelner Teilaspekte geht, die wiederum nur näherungsweise durch Analogien zu Gestalt und Mustern beschrieben werden können. Die Ideen einer Rahmung von Gestalt und Muster finden sich in verschiedenen Beschreibungen von Systemen, die einen Zustand der Verfestigung suggerieren mögen, der jedoch nach Bergson, Merleau-Ponty und Waldenfels nur von kurzer Dauer ist. Muster müssen regelmäßig erkannt und bestätigt werden, sonst verlieren sie an Bedeutung für eine Orientierung, die Voraussetzung aller motorischen Aktivitäten ist. So können bereits das Erleben und Erfahren architektonischer Räume nach dem einfachen Schema *Erinnerung und (Wieder-)Erkennen* als anschauliches und zielführendes Modell verstanden werden, um zu erläutern, wie Orientierung in Gebäuden als Ergebnis kognitiver Prozesse verläuft, die mit Erfolg belohnt werden. Eine Tür zu finden, ist ein Erfolg bei Nacht im Dunklen noch mehr als am Tag. Für ein Kind genauso wie für einen älteren Menschen. Wie lassen sich die Abläufe einfach beschreiben, die als Grundlagen eines kognitiven Trainings angenommen werden? Es wird derzeit noch davon ausgegangen, dass es äußere Einflüsse sind, die die individuelle Tätigkeit unseres Gehirns in bekannten Arealen zu den Bildern ausprägt, die in allen Lebensphasen erinnert werden können. Abhängig ist Erinnerung mindestens von zwei Hauptbereichen, die sich in biologisch und psychologisch erfahrbare Prozesse gliedern lassen. Beide werden nur durch Anregungen aktiviert. Energie und Prägnanz geben den Ausschlag für die daran anschließenden Handlungen. Erfahrungsabhängig ist die Bewertung von Stimulanzen immer im Kontext mit ihrer direkten Umwelt zu verstehen. Das menschliche Gehirn ist ähnlich einer dreidimensionalen Karte in Bereiche gegliedert, deren Sektoren in vielfältigen Arten des Austauschs stehen. Ein Bild, das die Komplexität erklären kann: Angesichts der Gleichzeitigkeit scheinen sich alle Menschen auf der Welt in ihren Sprachen und lokalen Färbungen gleichzeitig zu unterhalten und, was nur erstaunen kann, auch noch zu verstehen. Unser Gehirn ist ein Weltraum, ein Universum, eine gigantische Zentrale auf kleinem Raum, in der unüberschaubar viele Ereignisse gleichzeitig empfangen, bewertet und als Gedanken und Handlungsoptionen initiiert werden. Im Grunde ist dies unvorstellbar, auch die Forschung ist sich einig, dass die Tätigkeit des Gehirns lange noch nicht erforscht ist: „Das menschliche Gehirn besteht aus etwa einer Billion (10 hoch 10) Nervenzellen, die untereinander mindestens eine Trillion (10 hoch 11) Verknüpfungspunkte, Synapsen haben. Jede dieser Synapsen hat vielleicht 100 Freiheitsgrade. Das bedeutet, dass die Kapazität des Gehirns als Netzwerk praktisch unbegrenzt ist. Das Gehirn besteht aber nicht einfach aus einem riesigen Netzwerk von einer Billion Nervenzellen, sondern diese Nervenzellen sind in den unterschiedlichen Teilen des Gehirns in sehr unterschiedlicher Weise in Areale, Schichten, Kerne, Unterkerne, Kolumnen etc. geordnet. Dazu kommt, dass es ca. hundert verschiedene morphologische Typen von Nervenzellen besitzt, die zudem alle eine spezifische Kombination von Stoffen zur Erregungsübertragung und Aktivitätsmobilität, nämlich Transmitter und Neuropeptide, besitzen und mit anderen Nervenzellen in spezifischer Weise verknüpft sind. Das Gehirn ist überwältigend komplex und zugleich überwältigend geordnet."[136] Überträgt man diese Details auf die Zusammenhänge von Wahrnehmen und Verstehen und nimmt man sich dabei den Moment der Tonwahrnehmung vor, so liegt es nahe, die zeitliche Benennung von zahlreichen Faktoren abhängig zu machen. Grenzen sprachlicher Äußerungen werden deutlich, wenn Akte des Hörens im Hier und Jetzt nicht mehr als feste Größen verhandelbar sind, sondern sich angesichts der zeitlichen Bezüge auflösen und nur in Relationen zueinander funktionieren können. „Zu welchem Zeitpunkt und wo eigentlich wird nun die erfahrene Tonwahrnehmung bewußt? Dies ist ein sehr komplexes Problem, das mehrere Fragen beinhaltet: Kann das Bewußtwerden der Nervenimpulse in den einzelnen Nervenzellen, welche beim Hören erregt werden, erfolgen? Was geschieht in dem kritischen Moment, in welchem eine ausreichende Frage von Nervenimpulsen stattgefunden hat?"[137] Das anschauliche Beschreiben der Vorgänge kommt an die Grenzen seiner Möglichkeiten, die letztlich wieder in vereinfachte Bilder münden, die wir der Systemtheorie verdanken. „Wahrnehmung, Bewusstsein, Vorstellung, Erinnerung usw. sind Zustände, die nur dem kognitiven Gehirn als einem sich selbst erlebenden und beschreibenden System zugänglich sind."[138]

Warum werden Situationen unterschiedlich erlebt? Es liegt an den Erinnerungen, die im gegenwärtigen Erleben Momente verschieden ausprägen, da „Kriterien der Bewertung der sensorischen Erregung teils angeboren sind, teils aus der individuellen Auseinandersetzung mit der Umwelt stammen. (…) Die Entstehung der Kriterien der Bedeutungszuweisung lässt sich auf folgende Weise rekonstruieren. Jedes neuronale Wahrnehmungssystem kommt mit einem Satz primärer Kriterien auf die Welt".[139] Für das Erleben sämtlicher Sinnesqualitäten scheinen vorgeprägte Wege im Gehirn angelegt zu sein, die dann durch die konkreten Erfahrungen vertieft und ausgebaut werden und so mit den Bedeutungen verknüpft werden. Es scheint, dass durch Erfahrung der zuvor neutrale Raum von einer Art Raster der Bewertung durchzogen ist, um nun durch verfeinerte Bahnen ausgestattet zu werden: Ein Pfad, der sich im Laufe der Zeit zu einem Weg verfestigt, um irgendwann als Straße zu enden. Naheliegend ist die Vorstellung, dass unterschiedliche Areale des Gehirns visuelle, auditive, taktile und olfaktorische Stimulanzen verarbeiten, die dann als ein Kern die individuelle Prägung ausmachen. Dieser kognitive und auch motorisch funktionale Kern, der besonders bei Musikern bekannt ist, entwickelt sich von der frühen Kindheit an und erfährt einen gewissen Abschluss mit dem Einsetzen der Pubertät. In dieser Spanne werden offensichtlich und markant die Eindrücke geprägt. „Diese entwicklungsbezogenen Lernvorgänge gehen meist mit irreversiblen Veränderungen der Wechselwirkung zwischen den Nervenzellen einher, da sie auf strukturellen Veränderungen der Verschaltung beruhen."[140] Wie können kognitive Prozesse stimuliert werden? Angesichts der Vielfalt individueller Kognitionen können Angebote kaum reichhaltig genug sein. Hans Foerstl hat darauf hingewiesen, dass einzig eine psychisch stabile Konstitution gegen das Vergessen gestellt werden kann. Dabei bestätigen die Ergebnisse interdisziplinärer Gedächtnisforschung, dass die Bedeutung der Mustererkennung im Zusammenhang von Einzelobjekten und Gruppen dominant ist. „Viele der für die Mustererkennung notwendigen Verarbeitungsprozesse in der Hirnrinde setzen außerordentlich selektive Interaktionen zwischen Neuronen mit bestimmten funktionalen Eigenschaften voraus. (…) Objekte lassen sich nur als solche erkennen, weil ihre Eigenschaften es erlauben, sie als Einheiten von anderen abzugrenzen. Eine Basisoperation aller Mustererkennungsprozesse besteht darin, das zu identifizierende Objekt von den umgebenden, nicht zu ihm gehörenden Konturen abzugrenzen."[141]

Gedächtnis – Erinnern – Handeln

Wenn man von der Annahme ausgeht, dass unser Gedächtnis mehr ist als ein Speicher erinnerbarer Bilder und dass Eindrücke im regen Austausch miteinander stehen – da Bilder und Erfahrungen durch neue Erlebnisse immer wieder aus lebenszeitlich bedingt neuen Perspektiven gesehen und bewertet werden –, so kann dies im Bild einer sich ständig in Bewegung befindlichen Anordnung fluider Schichten unterschiedlicher Konsistenz gefasst werden. „Das Gedächtnis eines Systems ist zunächst nichts anderes als das Produkt der Auseinandersetzung des Systems mit seiner Umwelt, und zwar insofern und nur insofern, als die Geschichte dieser Auseinandersetzung dem System, wie selektiv auch immer, als Grundlage seiner gegenwärtigen Auseinandersetzungen verfügbar ist."[142] In der Vorstellung einer zweifachen Vergewisserung richten sich Wahrnehmen und Erleben von Umwelt immer nach innen und nach außen. Dies verläuft zudem gleichzeitig. Aus Sicht der Systemtheorie entstehen dabei stabile Kreisläufe, die sich auch bedingt als altersabhängige Intensitäten beschreiben lassen, wenn mit zunehmendem Alter der Anteil kommunikativer Akte an Bedeutung verliert. „Das System stabilisiert sich über seine Möglichkeiten, auch wenn und gerade weil diese (noch) nicht realisiert wurden. Mit dem Blick in die eigene Vergangenheit beginnt es, da Vergangenheit immerhin festlegt, eine andere Zukunft zu imaginieren. Es kompensiert die ihm durch sein Gedächtnis aufgenötigte Kontingenzerfahrung dadurch, dass es die Irreversibilität der Zeit unterstellt und akzeptiert. (…) Der Rekurs auf eine eigene Vergangenheit und eine eigene Zukunft bedingt, dass das System nur noch in selektiven Hinsichten von der Umwelt abhängig ist."[143] Vorausgesetzt ist mit dieser Annahme die Stabilität eines Systems, das zu seinem Selbsterhalt deutlich weniger Anregungen, die zur Selbstvergewisserung beitragen, braucht als in Phasen bedeutungsgenerierender Erfahrungen. Gleichzeitig unterschlägt die einseitige Konstruktion autopoetischer Systeme die dramatische Abhängigkeit von multiplen Anregungen. Ohne Anregungen und kognitive Impulse gehen geistige und motorische Kompetenzen langsam verloren, doch manches lässt sich auch regenerieren. Raumverloren, das Synonym für Einsamkeit, um Feddersen zu zitieren, ist ein seelischer Zustand, der sich auch in Architektur spiegelt.[144] Nur durch mehrfach ausgeglichene kognitive Stimulanzen sind wir in der Lage, mit der Welt in Kontakt zu treten. Rückzug und Einsamkeit führen unweigerlich in die Abschottung und damit zum Verlust geistiger und motorischer Leistungen.

Gedächtnis

Der Begriff *Gedächtnis* hat eine Geschichte, deren Bedeutung neben der Eigenschaft, erlerntes Wissen zu reproduzieren, bei Bedarf abgerufen werden kann, um Handlungen auf der Basis von Erinnerungen zu konditionieren. Dabei ist der zeitliche Abstand zwischen den Ereignissen maßgeblich. Werden kürzer zurückliegende Ereignisse erinnert und werden diese für Handlungen relevant, entstehen Verknüpfungen, die als Gedächtnisspanne ein zeitliches Intervall bezeichnen. „Die Gedächtnisspanne wird in der Psychologie als operationales Maß für die Leistung beim unmittelbaren Behalten verwendet; sie ist definiert als die Anzahl von Einheiten (z.B. Zahlen, Buchstaben), die im Anschluss an eine einmalige Darbietung richtig reproduziert werden kann."[145] Spannkraft ist also ein Zeitmaß. Das Gedächtnis ist eine ständig mit Modulation beschäftigte Kognition, deren Wesen nie ruhende Prozesse sind. „An die Stelle statischer Modelle sind mittlerweile Vorstellungen getreten, die die Dynamik der Konstruktion der Gedächtnisleistungen hervorheben."[146]

Erinnern

Beschreiben Sie einmal das Wesen von Erinnerungen. Keine einfache Aufgabe. „Oft ist der Versuch, ein Wissen bewusst zu machen, von einem Gefühl der Sicherheit begleitet, dass dieses Wissen vorhanden ist."[147] Der Ansatz autopoetischer Organisation des Erinnerns kann nur wenig Substanzielles bieten und verbleibt auf einer funktionalistischen Beschreibung, deren Anschaulichkeit aber dennoch helfen mag, um den Vorgang in den Blick zu rücken: „Aus konstruktivistischer Sicht wird der menschliche Organismus als ein autopoetisches (selbsterhaltendes) System moduliert, das durch ein operational geschlossenes, selbstreferentiell organisiertes Nervensystem integriert wird. Dieses wiederum wird als aus Nervenzellen (Neuronen) bestehend vorgestellt, die zu Gruppen, Verbänden und Subsystemen zusammengeschlossen sind."[148] Die Dynamik und Leistungsfähigkeit der durch uns aktivierbaren Erinnerung wird in dieser Sicht als Qualität beschrieben. „Als wichtigstes Differenzierungsmerkmal für Wahrnehmung und Erinnerung bliebe dann deren unterschiedlicher Grad der Verrechenbarkeit auf unterschiedlich intensive sensorische Erregungen."[149]

Handeln

Als Handlung wird die Umsetzung einer durch geistige Prozesse angeregten Bewegung in Form einer zielgerichteten Aktivität bezeichnet. Handlungen sind zweckgerichtet. Ziele werden erreicht, die zuvor erfasst worden sind. Unter dem Begriff der sozialen Handlung, die im Zusammenhang mit der Interaktion zwischen Menschen steht, wurde mit dem Soziologen Max Weber eine „Grundkategorie erfahrungswissenschaftlicher Soziologie [definiert], durch ihn [Weber] wird der primäre Erkenntnisbereich dieser Wissenschaft eingegrenzt, als ein menschliches Handeln überhaupt".[150]

Formen des Altenwohnens

Veränderungen der Wohnformen für ältere Menschen entsprechen zu weiten Teilen dem Wandel der Lebenswelten, der seit den 1950er Jahren deutlich wird. Bedingt durch Phasen der Anpassung der Altenwohnformen an strukturelle Voraussetzungen aktueller Lebensformen lassen sich bislang fünf Generationen des Altenwohnens unterscheiden, die sich in Plänen, Ausstattungen, Technik der Gebäude sowie der Palette der Pflege- und Dienstleistungsangebote finden und benennen lassen. Diese Entwicklung, betrachtet als eine Chronologie, reicht vom Schlafsaal über individuelle Wohnformen mit Betreuung bis hin zum Wohnen mit umfassender Integration von Serviceleistungen im privaten Bereich. Handelt es sich zunächst noch um Einrichtungen, die ausschließlich für ältere Personengruppen erstellt wurden, und betraf dies vor allem das Wohnen in urbanen Regionen, so nähern sich Ausstattungen des Altenwohnens in der Peripherie langsam urbanen Standards an. Während in ländlichen Gebieten das Wohnen der Älteren, statistisch betrachtet, noch vorwiegend im familiären Kreis organisiert wird, erfordert in urbanen Regionen die steigende Zahl der Einpersonenhaushalte ein Umdenken. Städten bleibt wegen zunehmender Verdichtungen und steigender Grundstückspreise oft keine andere Wahl, als ihre älteren Bürger vermehrt in weniger attraktiven Lagen anzusiedeln; dabei besteht die Gefahr der Abschiebung und Verdrängung aus dem öffentlichen Leben. Bei der Planung und Verwaltung des Altenwohnens dominieren meist wirtschaftliche Kriterien. Alternativen dazu, die den Alten ein wohlverdientes Leben in Gemeinschaft

ermöglichen, müssen von den Bürgern selbst eingefordert werden. Doch diese Prozesse lassen sich nur bruchstückhaft zusammenfügen. Obwohl sich in Bezug auf die Anpassung von Wohnformen und städtebaulichen Strukturen für ältere Menschen durchaus eine Entwicklung nachzeichnen lässt, die auch mit einem Bewusstseinswandel der Gesellschaft verbunden ist, existieren noch heute, wie die Analysen zeigen, Wohnanlagen in verschiedenen Ausprägungen nebeneinander. Es fehlt in diesem Feld eine sichtbare Dynamik, der politische Wille zur Umsetzung. Nach wie vor werden die Alten in unserer Gesellschaft vernachlässigt und an den Rand der gesellschaftlichen Öffentlichkeit gedrängt. Was sich in den Wohnformen darstellt, betrifft auch die Formen des Umgangs. Ohne tägliche Ansprache vereinsamen Menschen aller Altersgruppen, Vitalitätsverlust und Depressionen sind die Folge, unabhängig von architektonischer Qualität und Standort der Häuser. In einer Welt, in der die Geschwindigkeiten der Datenströme täglich zunehmen und die damit verbundenen kognitiven Leistungen nicht nur ältere Menschen schnell überfordern, lohnt es sich, Gespräch und Zuwendung als Qualitäten des Lebens wiederzuentdecken. Die Metapher vom Gespräch als *geistige Nahrung* gewinnt an Bedeutung im doppelten Sinn des Wortes, wenn wir älter werden.[151]

Entwicklung der Pflegeeinrichtungen

Die Anforderungen an altersgerechte Einrichtungen unterliegen komplexen Veränderungen, in denen sich gesellschaftliche Wandlungsprozesse spiegeln. Es hat knapp 70 Jahre, von 1946 bis 2016, gedauert, bis sich in der Altenpflege und im Altenwohnen jene Merkmale herausgebildet haben, die hier als Grundlagen herangezogen und diskutiert werden sollen. Grob gesprochen verlief diese Entwicklung vom Typus der Verwahranstalt mit Bewohnern, die wie Insassen behandelt wurden, über das Krankenhaus mit dem Typ des Patienten bis hin zum Leitbild des Wohnens mit Betreuung. Die derzeitige Nachfrage nach Wohn- und Hausgemeinschaften deutet den Wunsch nach einer grundlegenden Individualisierung des Wohnens in kleineren Gruppen an, die selbstbestimmte freie Wohnformen der 1970er Jahre (Kommune) zum Vorbild haben und dabei gleichermaßen den Austausch mit Gleichgestellten bieten. Diese Form kann als fünfte Generation des Altenwohnens gesehen werden, an deren Grenze wir uns heute befinden.

Gleichzeitig stehen wir an der Schwelle zur sechsten Generation des Altenwohnens, die gekennzeichnet ist von der Idee eines multisensorischen Bauens für Menschen hohen Alters und jene, die unter kognitiven Einschränkungen leiden. Unter dem Stichwort *Demenz* wird die Integration multisensorischer Ansätze in die künftige Architektur zur Perspektive eines neuen Wohnverständnisses. Wird also von der sechsten Generation gesprochen, werden unweigerlich Qualitäten hinsichtlich der Strukturen, Ausstattungen und Assistenzsysteme anzubieten sein, die frühere Wohnformen so nicht geboten haben, weder in Teilen noch in der Summe. Gleichzeitig gilt es, Versorgungskonzepte mit ambulanten und teilstationären Angeboten zu integrieren. Sämtliche in diesem Zusammenhang erörterten architektonischen Aspekte sind unter Berücksichtigung der demografischen Entwicklung zu gestalten sowie zwischen den entsprechenden Zielgruppen zu vermitteln. Vorbehalte gegenüber neuen Ansätzen verlangen nach Diskussionen, wenn der Grad technischer Hilfen als Bedrohung empfunden wird. Der Verbindung von diskreten technischen Hilfssystemen und sensorisch aktiven Materialien gehört die Zukunft. Multisensorische Spezifizierungen sind daher nicht nur in der Ausbildung von Räumen und Grundrissen zu realisieren, sondern auch in den Details der Ausstattung sowie in der Gebäudetechnik. Tägliche Abläufe werden damit individuell gestaltbar und oft erst überhaupt möglich, ohne das sonst notwendige Personal einstellen zu müssen. Somit kann die Bewältigung täglicher Anforderungen erleichtert werden; die Menschen können nun länger in ihren eigenen Räumen wohnen bleiben – was sich 90 Prozent aller über 70-Jährigen wünschen. Um Wohnformen für das Alter und für Menschen mit Demenz planen zu können, sind aber verstärkt altersbedingte Veränderungen der Wahrnehmung zu berücksichtigen, die sich in Architektur und Ausstattung niederschlagen sollten. Aktuelle Untersuchungen zu Entwicklungen altengerechter Wohneinrichtungen belegen mögliche Ansätze der Erleichterung, wie etwa die Studie von Gesine Marquardt, Kathrin Büter und Tom Motzek, die den Bedarf an sensorischen Oberflächen der Architektur dargelegt hat. Zusammengefasst werden dort folgende Hilfssysteme behandelt: Special Care Units (segregative Formen der Betreuung von Menschen mit Demenz), kleinteilige Wohnformen, Bewohnerdichte und Grundrissgestaltung. Mittels dieser vier Leitbegriffe erfolgt eine weitere Differenzierung, die der individuellen geistigen wie körperlichen Verfassung der Bewohner entspricht. Erfasst werden folgende Aspekte: Verhalten, Kognition, Funktionalität, Wohlbefinden, soziale Fähigkeiten, Orientierung und pflegerische Ergebnisse. Erstaunlicherweise werden funktionale Aspekte der Architektur nicht berücksichtigt, die Interaktion der beteiligten Personen wird von den Autoren als das Hauptmerkmal guter Pflege in den Fokus der Forderungskataloge aufgenommen. Bauliche Ausgestaltung, Raumpläne und sensorische Angebote sollten in frühen Phasen der Planung berücksichtigt werden, um Wohlbefinden und Sicherheit zu fördern. Hier setzt Marquardt an. Obwohl ihre Studie zunächst noch lückenhaft bleibt, da die Ergebnisse keine Oberflächen und nur wenige Materialien spezifizieren, so wird doch deutlich, dass eine multisensorische Gestaltung klare Vorteile zeigt.

Grundlagen

Doch es fehlt bislang noch an Referenzobjekten. Zudem besteht weiterer Forschungsbedarf hinsichtlich der Wirksamkeit vorgeschlagener Verbesserungen. Bereits heute kann Folgendes berücksichtigt werden: „Gestaltungsempfehlungen zu demenzfreundlicher Architektur weisen immer wieder auf die Vorteile einer Umgebung, die verschiedene Sinne anspricht, hin. Durch visuelle, auditive, taktile und olfaktorische Stimuli sollen Menschen mit Demenz positiv beeinflusst werden."[152] Veränderte Anforderungen an das Wohnen im Alter erfordern eine genaue Kenntnis der zu bewältigenden Aufgaben. Eine vom Kuratorium Deutsche Alterspflege durchgeführte Erfassung unterschiedlicher Generationen der Altenpflegeeinrichtungen im Jahr 2002 ergab, dass die meisten der stationären Pflegeeinrichtungen in Nordrhein-Westfalen in den 1980er bis 1990er Jahren erbaut wurden. Ihr Marktanteil beträgt 78 Prozent, gefolgt von den in den 1960er bis 1970er Jahren erbauten Häusern mit einem Anteil von 15 Prozent. Als sanierungsbedürftig sind 74 Häuser aufgeführt, die dennoch weiter in Betrieb sind. Sie stellen vier Prozent, der am Markt vorhandenen Einrichtungen in nur einem Bundesland dar. Lediglich 29 Heime der dritten bis vierten Generation, die nach 1997 erstellt wurden, sind in Nordrhein-Westfalen zu finden (circa zwei Prozent).[153] Im Folgenden sollen zur besseren Unterscheidung kurz die wichtigsten Merkmale der unterschiedlichen Baugenerationen angeführt werden.

Vorläufer und erste Generation

Der führende Kritiker des Demenzbegriffs und dessen kommerzieller Verbreitung erinnert sich: „Mein Großvater lebte nach dem Ende des Krieges in einer Einrichtung, die man als eine Vorstufe des Altenheims betrachten könnte. Ein kahles Zimmer, ein Ofen, ein Bett, ein Stuhl. Dunkel. Eine Toilette auf dem Gang. Ich brachte ihm in einem Soldatenblechgeschirr das Essen, das meine Mutter für ihn gekocht hatte. (…) Seine Wohnung war durch Bomben zerstört, sein Vermögen und sein Geschäft waren verloren; der einzige ambulante Pflegedienst, den es gab, war ich."[154] Doch diesem Großvater ging es noch vergleichsweise gut. Denn der Zeitpunkt der Erstellung und der Betrieb der ersten Generation von Pflegeheimen fällt noch in die Jahre der durch den Zweiten Weltkrieg bedingten Not. Ein großer Bedarf an einfachen Unterkünften bestand, wobei es eine Herausforderung war, überhaupt eine Grundversorgung anbieten zu können. Typisch gestaltet sich die Aufteilung der Räume, die eine hohe Bettenzahl bei nur geringer technischer und sanitärer Ausstattung anbietet. Die Belegungsdichte erschwert die pflegerische Arbeit, auch kann kaum Privatsphäre geboten werden, Zimmer mit bis zu sechs Betten sind noch die Regel. Jedem Bewohner werden in dieser Form nicht mehr als sechs Quadratmeter als Individualfläche bei 13,1 Quadratmeter Flächenanteil im gesamten Haus zugestanden, wobei schon ein Bett zwei Quadratmeter braucht. Der Abstand zum Nachbarbett und ein Schrank verunmöglichen fast schon Stuhl und Tisch. Statistisch gesehen teilen sich in dieser Form der Unterbringung 7,5 Personen je ein WC, 2,3 Personen je ein Wachbecken, 16,5 Personen eine Einbauwanne sowie 30 Bewohner ein Stationsbad.[155] Untergebracht wurden hier in erster Linie Versehrte und Kriegswitwen ohne Familienanschluss. Parallelen zu Krankenhäusern und militärisch genutzten funktionalen Anlagen prägen die Altenpflegeanstalten, die, als Verwahranstalten konzipiert, die Menschen vor Schlimmerem bewahren sollten, nämlich auf der Straße leben zu müssen. Die Häuser muten aus heutiger Sicht wie Transitzonen zwischen Krankenhaus und Hospiz an. Ein dem Menschen würdiges, auf individuelle Bedürfnisse hin geplantes Wohnen bieten diese Häuser nicht an.

Zweite Generation

In der zweiten Generation, die schon durch den wirtschaftlichen Aufschwung der 1960er Jahre bestimmt wird, orientieren sich Altenpflegeeinrichtungen architektonisch an drei Gebäudetypen, die als Altenheim, Altenwohnheim und Altenpflegeheim eine erste Differenzierung ausbilden; diese Typen als einzelne Hauskonzepte werden bis in unsere Tage fortgeschrieben. Auch gelten noch Maßstäbe des Krankenhausbaus als planerische Grundlage. Deutliche Verbesserungen zur ersten Generation sind aber bereits im Bereich der Rehabilitation angelegt; dazu gehören die Optimierung pflegerischer und therapeutischer Abläufe ebenso wie erste altersgerechte Versorgungsleistungen unter hygienischen Aspekten. Der ältere Mensch erfährt eine individuelle Versorgung, erste Qualitätsansätze werden ausgebildet. „Pflegebedürftige Patienten werden behandelt."[156] Eine militärisch strenge, stereotypische Organisation der Raumfolgen mit Stationen, langen Fluren und Mehrbettzimmern sieht noch immer die Gruppennutzung der sanitären Einrichtungen vor. Stationseinheiten werden mit 36 Bewohnern gebildet. Die jedem Bewohner zugebilligte Individualfläche ist nun um drei Quadratmeter vergrößert, Zwei- bis Dreibettzimmer werden zur Regel, eine Bruttogeschossfläche von ca. 900 Quadratmetern bestimmt die Grundrisse, was auch erste kleine Gemeinschaftsflächen ermöglicht.[157] Die Bewohner verfügen in ihren Zimmern, ähnlich wie in Krankenhäusern, über eine technische Ausstattung. Auch das Konzept der Pflege ist individuell bestimmt und orientiert sich am Patienten. Maßnahmen der Rehabilitation werden von externen Einrichtungen erbracht.

Dritte Generation

Gegen Ende des 20. Jahrhunderts findet im Altenheimbau ein erster grundlegender Wandel statt. Die Bewohner werden nun als Individuen mit ihren jeweils eigenen Bedürfnissen, Ressourcen und Pflegeerfordernissen verstanden. Hier werden zum ersten Mal pflegerische Anforderungen mit Wohnbedürfnissen in Verbindung gebracht. Durch Ein- bis Zweibettzimmer mit eigenem Bad wird den Bewohnern nun erstmals eine Privatsphäre ermöglicht. Sie haben die Chance, ihre Zimmer zum Teil mit persönlichen Gegenständen auszustatten. Notwendige technische Ausstattungen sind vorhanden, bilden aber nicht mehr den räumlichen Mittelpunkt. In Gemeinschaftsräumen werden die Bewohner durch Beschäftigungsangebote angesprochen und haben die Möglichkeit, auch außerhalb großer Gruppen miteinander in Kontakt zu treten.

Vierte Generation

Seit etwa 1990 stehen bei den Altenpflegeeinrichtungen individuelle Bedürfnisse verstärkt im Fokus. Durch kleine Wohneinheiten wird ein ansprechend gestaltetes und vertrautes Umfeld geschaffen. Es wird angestrebt, den Bewohnern Geborgenheit ähnlich wie in der Familie zu bieten. Durch geschulte Bezugspersonen kann unmittelbar auf individuelle Bedürfnisse eingegangen werden. Die Versorgung wird dezentral in den Wohneinheiten organisiert. Im Zentrum der Wohnbereiche befindet sich der Tagesraum, in dem Bewohner am Alltagsgeschehen teilhaben, zur Mithilfe aktiviert werden, gemeinsam essen, feiern oder einfach nur beisammen sein können. Die Struktur der Familie wird als Vorbild für eine neue Form des Altenwohnens wiederentdeckt. Merklich steigt der Anteil der Hochaltrigen, das Altersspektrum innerhalb der Häuser erweitert sich und führt zur Ausprägung von Quartieren mit umfassenden Serviceleistungen. Gruppen von acht bis zehn

Bewohnern werden gebildet. Sie werden in Gemeinschaften, die mit Wohn- und Essbereichen von bis zu 66 Quadratmetern ausgestattet sind, versorgt. Jedem Bewohner steht nun im Durchschnitt ein eigenes Zimmer mit bis zu 16 Quadratmetern mit eigener Dusche und WC zur Verfügung; drei bis vier Personen teilen sich ein Pflegebad. Verschiedene Typen entwickeln sich zu eigenständigen Hausgemeinschaften, die nun Teil einer sonst vollstationären Pflegeeinrichtung sind. Gleichzeitig entwickeln sich in diesen Wohnformen mit Betreuung auch umfangreichere Hausgemeinschaftskonzepte. Diese als vierte Generation ausgewiesene Form orientiert sich daran, Altern als einen selbstverständlichen Prozess zu begreifen.

Fünfte Generation

In der fünften Generation des Altenwohnens erfährt die Bezeichnung der Bewohner eine Veränderung. Der alte Mensch wird nun als Kunde bezeichnet, dessen Profil sich dem eines Auftraggebers für Dienstleistungen annähert, schließlich wird von Klienten gesprochen. Weitere Merkmale der Individualisierung zeigen sich im Anbringen von Klingelknöpfen und Schildern, bisweilen finden sich sogar persönliche Briefkästen. Die Gemeinschaft wird als familienähnliches System verstanden, das der sozialen Isolation der Klienten entgegenwirken und ihnen Sicherheit vermitteln soll. Neu ist nun die Öffnung der Einrichtung nach außen. Den Klienten soll ermöglicht werden, weiterhin am gesellschaftlichen Leben teilzunehmen und ihren normalen Gewohnheiten im vertrauten Wohnumfeld (Quartier) außerhalb der Einrichtung nachzugehen, zum Beispiel dem Besuch von Kulturveranstaltungen oder einer Dorfgaststätte. Wo entsprechende Strukturen fehlen, werden diese im Quartier oder in der Einrichtung erstellt. Dabei wird besonders die Vertrautheit der Umgebung ausgebildet sowie auch die Mithilfe der Klienten motiviert. Zum Leitbild gehören immer kleinteilige Strukturen, deren organisatorische wie bauliche Gestaltung erkennbar an kleinen Dorfgemeinschaften angelehnt ist. In der Anlage sind die Wohnbereiche und auch Hausgruppen so platziert, dass möglichst viele Blickachsen entstehen. Ob als Kleingruppe, als Quartier oder als umfangreicheres Modell: im Fokus stehen das unmittelbare, einfache Erfassen der räumlichen Logik sowie die Nähe zu den Mitbewohnern. Eine individuell verfügbare Nettofläche von 50 Quadratmetern bei Größen von acht bis zwölf Bewohnern wird idealerweise ebenerdig gebaut und bietet bereits vor allem Menschen mit ersten kognitiven Einschränkungen die idealen Orientierungsmöglichkeiten.

Zukunftsorientierte Kommunalpolitik und sechste Generation

Die aus der Sichtung der Objekte sowie der Literatur hervorgegangenen Anforderungen führen zu ersten planerischen Schritten, um das sensorische Potenzial der Menschen in Verbindung mit Modellen der Wohngruppen

als zeitgemäße Form des Altenwohnens zu entwickeln. Angesichts des Flächenbedarfs und zunehmend verdichteter Städte bieten Altenwohngemeinschaften in bereits bestehenden Wohnlagen eine Alternative zu Neubauten, die wegen ihres Flächenbedarfs sowie der Kosten eher in den Vororten realisierbar scheinen. Gleichzeitig wollen, wie die Frankfurter Studie der BHF-Bank-Stiftung belegt hat, Ältere bevorzugt in ihren angestammten Quartieren bleiben. Daher sind weitere Forschungen nötig, um eine engagierte, bürgernahe und zukunftsorientierte Kommunalpolitik mit Handlungsanweisungen zu versorgen.[158] Solche strukturellen Anforderungen können nur mit politischem Gestaltungswillen entwickelt werden, der eine ausgeglichene Zusammensetzung der Bewohnerschaft in einzelnen Bezirken und Stadtteilen anstrebt. Kaum vorstellbar, dass eine Stadt, deren Bewohner einer homogenen Altersgruppe entstammen, lebenswert und zukunftsfähig bleiben kann. Das Leben in der Stadt der Zukunft kann nur gelingen, wenn wir, wie Gronemeyer ausführt, zu einer Kultur der Gastfreundschaft gelangen, die bestimmt ist durch „Nachbarschaftlichkeit, Freundlichkeit, Wärme".[159] In der Wiedergewinnung kleinstädtischer, bisweilen dörflicher Strukturen liegen die wertvollen, da wirksamen Potenziale für die Zukunft, deren Aktivierung angesichts der stark wachsenden Bedürftigkeit älterer Menschen ohne Alternative ist. Dies, zumal kein pharmazeutisches Produkt Einsamkeit heilen kann. Es ist geradezu paradox, dass die medizinische Versorgung an Grenzen kommt, die in der Sache selbst, nämlich einer fehlerhaften Diagnose und falschen Wohnformen zu liegen scheinen. „Die Hoffnungen auf erfolgreiche medizinische Interventionen haben sich als weitgehend aussichtslos erwiesen. Es ist – nach Auskunft von spezialisierten Medizinern, Hirnforschern und Molekularbiologen – wenig wahrscheinlich, dass in absehbarer Zeit erfolgreiche Therapien entwickelt werden. Stattdessen wird durch Früherkennung die Zahl der Diagnostizierten systematisch ausgeweitet, (…) die Diagnostizierten müssen sich fortan als hoffnungslose Kranke verstehen."[160]

Multisensorische Architektur

Situation

Die World Health Organisation verzeichnet für das Jahr 2010 36,6 Millionen an Demenz erkrankter Menschen, deren Zahl bis in das Jahr 2030 voraussichtlich pro Jahr um 7,7 Millionen auf 154 Millionen ansteigen wird. Überproportional davon betroffen sind LMIC-Staaten, dies sind Staaten, deren Bevölkerung niedrige und mittlere Einkommen hat. In Deutschland sind in der Altersgruppe der 85- bis 89-Jährigen 260.000 (23,9 Prozent) sowie in der Altersgruppe der ab 90-Jährigen 177.000 Menschen (35,6 Prozent) betroffen.[161] Etwa ein Viertel der über 65-jährigen Bevölkerung leidet gegenwärtig unter einer psychischen oder seelischen Störung, die unter anderem aus der Beeinträchtigung der Wahrnehmung resultiert. Als Folge gehen Erlebnisfähigkeit und soziale Kontakte zurück. Davon sind sechs bis zehn Prozent einer schweren Demenz und schweren funktionellen Psychosen zuzuordnen. Da die Prävalenz – das Krankheitsvorkommen – mit dem Alter stark zunimmt, rückt die Krankheit vor dem Hintergrund der Bevölkerungsalterung in den Fokus des gesellschaftlichen Interesses. Eine neue Studie des Rostocker Zentrums zur Erforschung des demografischen Wandels und des Deutschen Zentrums für neurodegenerative Erkrankungen geht der Frage nach, wie stark die Anzahl der Demenzpatienten steigen wird. In Deutschland leben gegenwärtig etwa 1,2 Millionen Menschen mit einer mittelschweren bzw. schweren Demenz. Da künftig die Zahl der älteren Menschen in Deutschland

zunimmt, wird auch die Anzahl der Demenzpatienten steigen. Aber wie stark wird dieser Anstieg sein? Für Deutschland liegen für das Jahr 2050 geschätzte Zahlen zwischen 2,1 und 3,5 Millionen Demenzkranken vor. Fast alle bisherigen Studien basieren dabei auf vergleichbaren Prävalenzen, die über den Prognosezeitraum als konstant angenommen werden. Die Hauptursache für die unterschiedlichen Ergebnisse sind demzufolge unterschiedliche Annahmen zur Entwicklung der Lebenserwartung.

Wohnformen – Infrastruktur – Gebäudetypen

Im Moment sind im Anschluss an die dargestellten Wohnformen zwei Entwicklungslinien zu erkennen. Diese betreffen die Voraussetzungen der Versorgung von Menschen mit Demenz. Von der Erweiterung der Pflegeeinrichtungen mit besonders ausgewiesenen Bereichen über Wohngemeinschaften, die in Quartierslösungen integriert sind, bis hin zu eigens erstellten „Demenzdörfern" reicht die Palette. Die Nachfrage ist regional unterschiedlich gewichtet und variiert. Übereinstimmend wird jedoch das Wohnen in der eigenen Wohnung bzw. im eigenen Haus favorisiert, das für einen zunehmenden Servicebedarf entsprechend umgestaltet werden muss. Im Moment gibt es jedoch noch sehr wenige Angebote für Wohngruppen und Hausgemeinschaften als stationäres Wohnkonzept für Menschen mit Demenz. Nach einer Erhebung des Demenz-Support Stuttgart (2014) werden etwa 80 Prozent der Einrichtungen als größere Wohnbereiche oder in Stationsgrößen betrieben. Da die Zahl der Menschen mit kognitiven Einschränkungen allein durch die höhere Lebenserwartung steigen wird, sind bestmögliche unterstützende bauliche Voraussetzungen und niedrigschwellige Serviceleistungen gefordert.

Intuitive Lesbarkeit

Mit dem Rückgang der differenzierten Wahrnehmung bei älteren und betagten Menschen ist eine Architektur gefordert, die Sicherheit, Orientierung und Wohnlichkeit bietet. Altersgerechte Architektur hat immer altersbedingte Beeinträchtigungen von Körper und Geist zu berücksichtigen. Unsere Sinne sind von klein auf darauf konditioniert, Unbekanntes von Vertrautem zu trennen, was besonders im hohen Alter immer schwerer wird. Für die Architektur hat dies zur Folge, dass nicht nur eine „helfende Architektur nach dem Zwei-Sinne-Prinzip"[162], wie sie Kelly Ketch jüngst vorgestellt hat, gefragt ist, sondern eine ganzheitliche, alle Sinne des Menschen bedienende Architektur gebraucht wird, die altersbedingte Defizite zu kompensieren imstande ist. Erst eine solche Architektur bietet Wohn- und Lebensqualität jenseits der DIN. Hören, Sehen, Riechen, Schmecken, Tasten – unsere Sinne wirken zusammen und prägen von der pränatalen Phase bis zum Tod die Horizonte unserer Wahrnehmung und damit unsere gesamte sinnlich präsente und erfahrbare Welt. Nach wie vor die einfachste Orientierungshilfe leisten Muster und Gegenstände, die aus frühen Phasen der Kindheit bekannt sind und den Ausgangspunkt für die Gestaltung von Altenpflegeeinrichtungen nach dem Vorbild vertrauter, regional spezifischer Häuslichkeit bieten sollten.

Wohnkomfort

Die Beurteilung und Funktion kognitiver Prozesse wird bislang in der Architektur vom Visuellen bestimmt. Offenbar ist das menschliche Gedächtnis und Gehirn für bildhafte Darstellung optimiert. Doch mit zunehmendem Alter gewinnen unsere anderen Sinne verstärkt an Bedeutung. Das Planen und Bauen für ältere Menschen wurde bislang vor allem von den visuellen Qualitäten der Gebäude bestimmt. Vernachlässigt wurden und werden noch immer die Potenziale auditiver, riechbarer sowie tastbarer Charakteristika, die für das Wohlbefinden zunehmend wichtiger werden.[163] Visuelle Attraktionen verdrängen in der baulichen Gestaltung andere Eigenschaften. Multisensorische Räume können aber auf eine veränderte sensorische, körperliche und kognitive Verfassung entsprechender Lebensalter reagieren. Wie der Übersichtsbeitrag zur Literatur über altengerechte Architekturplanung zeigt,[164] ist es mittlerweile unbestritten, dass multisensorische Räume sich positiv und nachhaltig auf das Verhalten und die Kognition der Bewohner auswirken.[165] Die Untersuchung dokumentiert jedoch nur einzelne Bausteine der Rahmenbedingungen für gesundes Wohnen im Alter und benennt dabei Klassen der Evidenz. Nicht einzelne Architekturteile und Räume, sondern das gesamte Gebäude und die Außenanlagen gilt es künftig unter veränderten Schwerpunkten neu zu analysieren, zu bewerten und neu zu gestalten.

Bauliche und materiale Qualität

Neubau oder Revitalisierung? Wie lassen sich die erwähnten Ansätze umsetzen, um ein lebenswertes, barrierefreies und gesundes Wohnen in entsprechend altersgerechten Wohnformen zu gewährleisten? Die Entscheidung ist vom Einzelfall abhängig. Die Architektur muss auf die Bedürfnisse der Bewohner ausgerichtet sein und dabei Angebote bereithalten, die an deren sich verändernde körperliche und kognitive Fähigkeiten angepasst werden kann. Wie anfangs ausgeführt, bildet die Architektur selbst einen Körper aus, auf den der menschliche Körper mit seinen unterschiedlichen Äußerungen reagiert. Daher muss auch der Körper der Architektur in seiner städtebaulichen Umgebung am Menschen und an seinen sensorischen Bedürfnissen, an seiner körperlichen Verfassung sowie seinen kommunikativen Bedürfnissen ausgerichtet sein. In einer verkürzten Form kann dies nach einem Vorschlag von Radzey durch drei Dimensionen der Gestaltung gespiegelt werden: Autonomie (Handeln), Identität (Erleben) und Stimulation (Komfort und sensorische Wahrnehmung).[166] Dabei müssen altersbedingte Veränderungen der Wahrnehmung berücksichtigt werden.

Altersbedingte Veränderungen der Wahrnehmung
Sehen

Die Erfahrung des Sehens verändert sich im Laufe des Lebens. Bildschärfe, Geschwindigkeit der Informationsaufnahme und das Wiedererkennen gehen zurück. Das Erkennen abstrakter Gestalten, das in der Vergangenheit kompensiert werden konnte, verlangsamt sich und kann sogar verschwinden. Mit dem Rückgang differenzierter Wahrnehmung bei älteren und betagten Menschen ist eine Architektur gefordert, die Sicherheit, Orientierung und Wohnlichkeit bietet. Es gilt, die Voraussetzungen anzupassen. So steigt ab dem 35. Lebensjahr der Bedarf an Licht, das dem Tageslicht ähnelt, etwa ab dem 40. Lebensjahr ist eine nachlassende Akkommodationsbreite zu verzeichnen sowie eine höhere Blendempfindlichkeit, die eine schlechtere Anpassung an grelles Licht sowie eine verminderte Tiefenwahrnehmung mit sich bringt. Ab etwa dem 50. Lebensjahr vermindert sich meist die Sehstärke, ab etwa dem 55. Lebensjahr die Dunkelanpassung. Auch die Einengung des Gesichtsfeldes ist wahrscheinlich und so wird für die scharfe und detaillierte Wahrnehmung eines Objektes mehr Zeit benötigt. Ab etwa dem 70. Lebensjahr verschlechtert sich die Farbwahrnehmung.

Hören – Verstehen – Kommunizieren

Während die Augen nachts ruhen, arbeitet der Hörsinn unvermindert weiter. Das Hören ist bisher in der Forschung zur Umgebung für ältere Menschen vernachlässigt worden. Das verbreitete Phänomen der Störanfälligkeit für Hintergrundgeräusche ab etwa dem 45. Lebensjahr fordert eine Berücksichtigung in der architektonischen Planung, indem etwa harte und daher stark schallreflektierende Oberflächen vermieden werden sollten. Obwohl in der Regel eine gravierende Störung des Sprachverständnisses erst ab etwa dem 90. Lebensjahr einsetzt, kann durch die gezielte Planung von Gebäuden das Sprachverständnis deutlich gefördert werden, zumal der Umfang des Wortschatzes mit dem akustischen Verstehen korreliert.[167] Insgesamt kann festgestellt werden, dass, grob gesprochen, Sehen und Hören auf der Ebene der Kognition vor allem nach dem Modell der Mustererkennung funktionieren. Ältere Menschen müssen sich oft erst langsam an eine neue Umgebung gewöhnen. Neuere Untersuchungen zu sensorischen Qualitäten in Altenwohnanlagen[168] berücksichtigen den Aspekt des Hörens kaum. So wie die visuelle Orientierung im Raum als binokulare Einschätzung von Entfernungen stattfindet, kann auch die Ortung akustischer Impulse verstanden werden. Die Lokalisierung von Schallquellen im Raum erfolgt in vergleichbarer Weise nach dem Prinzip binauraler Ortung. Mit Nachlassen der Sehkraft und des Hörvermögens werden selbst gewohnte Räume zunehmend zur Herausforderung.[169] In Alteneinrichtungen erleben Bewohner und Personal täglich diese Problematik fehlender Orientierung – oft mit gravierenden Folgen. Für die Bewohner wird die haptische Qualität zur lebensnotwendigen Sicherheit. Oft bereits beim ersten Kontakt mit einem neuen Wohnumfeld werden Oberflächen und Mobiliar nach akustischer und taktiler Bedeutung beurteilt. Dies verstärkt sich mit zunehmendem Alter, wenn das Bedürfnis nach einem geborgenen Wohnen deutlich zunimmt. Um älteren Menschen nicht nur einen Raum, sondern einen Wohnraum zu bieten, kann nochmals auf die Bedeutung des Wohnens nach Bollnow verwiesen werden: „Wohnen (…) steht im Gegensatz zum zufälligen, bloß vorübergehenden Aufenthalt an einer beliebigen Stelle im Raum. Wohnen heißt an eine bestimmte Stelle hinzugehören. Wohnen (…) bedeutet einen abgeschlossenen Bereich der Geborgenheit, einen Eigenraum des Hauses zu haben, in dem sich der Mensch vor der bedrohlichen Außenwelt zurückziehen kann."[170] Konkret: Es müssen bauliche Voraussetzungen geschaffen werden, die aus einem Raum des Durchgangs, einem Transitraum, einen Wohnraum machen. Räume können dazu mit Eigenschaften versehen werden, die ihren Bewohnern ein erlebbares Maß an Sicherheit anbieten. So können optische wie akustische Orientierungshilfen Menschen zur Bewegung motivieren, da die zurückzulegende Strecke als sicher empfunden wird. Ältere Menschen weigern sich meist, fremde Wege zu gehen und nehmen diese kaum freiwillig und selbstständig auf sich. Hingegen bleiben bekannte räumliche Resonanzen, die aus Komponenten wie Material, Oberflächen und der Möblierung resultieren, noch lange vertraut, während neue Räume nur schwer erschlossen werden können. Der Einfluss der Vertrautheit, die als zentrale Grundlage in der Psychologie der Wahrnehmung als Erkennen von Mustern bekannt ist, funktioniert nach Rudolf Arnheim nach dem Modell der Anschauung[171] in verschiedenen Bereichen.[172] Obwohl nachgewiesen ist, dass der Hörsinn in der Lage ist, die altersbedingten Einbußen anderer Sinne, etwa des Sehens, zu kompensieren, wird diese Chance kaum genutzt. Warum, so fragt man sich, werden nicht gerade in diesem Bereich verstärkt Anstrengungen unternommen, um die Bedeutung des Hörens für die sichere Orientierung im Raum zu erforschen? Im Unterschied zur kognitiven Verarbeitung visuell aufgenommener Signale, die nach dem Prinzip allgemein verständlicher Muster erfolgt, werden akustische Impulse aufgrund individueller Dispositionen sehr unterschiedlich gehört und interpretiert. Körperliche Rückmeldungen zu akustischen Erlebnissen, wie im Bereich der Musik, sind medizinisch seit Jahren bekannt; so kann eine bestimmte Abfolge von Frequenzen, die auch direkt auf den Körper einwirken, genutzt werden, um positive Reaktionen auszulösen.[173]

Hören im Hirn

Nur durch ständige Anforderungen bildet sich im Laufe des Lebens ein feines Hören aus. Musik kann dabei eine Hilfe sein. „Die positiven Erfahrungen aus bereits vorliegenden Studien zeigen, dass auch bei Kindern die auditive Differenzierungsfähigkeit trainierbar ist und dass sich das Training bei

Kindern der zweiten bis vierten Klasse unmittelbar auf andere sprachgebundene Hörleistungen, wie zum Beispiel auf die phonematische Diskrimination und auf die Lese-Rechtschreibleistung auswirkt."[174] Hören üben, Gespräche führen, Musik beschreiben, dies alles sind Tätigkeiten, die sich positiv auswirken. „Entgegen eines lang behaupteten Dogmas, nach welchem sich die Neuronen im Alter zurückbilden würden, legen neue Befunde nahe, dass das Gehirn die Fähigkeit zur Neurogenese, das heißt der Neubildung der Neuronen, besitzt. So weisen Untersuchungen nach, dass mit kognitiver Aktivität die Entstehung neuer Neuronen angeregt werden kann und dies die Voraussetzung dafür sei, bis ins hohe Alter geistig lernfähig zu bleiben. Die Neurogenese ist gerade in Bereichen, wie zum Beispiel dem Hippocampus, die für das Lernen von grundlegender Bedeutung ist, nachgewiesen. Weitere Forschungsarbeiten in der Zukunft könnten Aufschluss über die Lernfähigkeit und Plastizität des Gehirns bei Schwerhörigen im mittleren und höheren Erwachsenenalter geben."[175] Die Auswertung der Vergleiche zwischen Normalhörenden und Schwerhörigen in Bezug zu in der Literatur genannten Spezifika bedarf einiger Explikationen, die an dieser Stelle für die überprüften Bereiche der auditiven Differenzierungsfähigkeit erfolgen.[176] Anhand von fünf Kategorien kann eine weitere Ausarbeitung erfolgen, die Parameter wie die folgenden betrifft: Lautstärkedifferenzierung, Tonhöhenunterscheidung, Lückenerkennung, Zeitordnung, Seitenordnung.

Aktivierung des Lernpotenzials durch Training und Plastizität des Gehirns

Exemplarisch kann davon ausgegangen werden, dass die Aktivierung der Sinnesleistungen gerade im Bereich des Hörens zu extrem überzeugenden Ergebnissen führt. Wobei die wertvolle Studie von Christine Gebhardt eine Einschränkung aufweist und bedarfsgerecht auf den wachsenden Markt von Hörhilfen und akustischen Geräten ausgerichtet ist. Dennoch dürfen Rückschlüsse gezogen werden, die das Wiedererlangen kognitiver Leistungen im Alter möglich erscheinen lassen: „Die Ergebnisse der vorliegenden Arbeit machen deutlich, dass auch im Alter von 55 bis 70 Jahren ein Training zu Verbesserungen von Wahrnehmungsleistungen führt und basale Komponenten der Unterscheidungsfähigkeit verbessert werden können. (…) In weiteren Studien können Stabilität und Langzeiteffekte des Trainings überprüft werden. Aus der Erfahrung des Trainings bei Kindern und Jugendlichen kann es unter Umständen sinnvoll sein, ein Ergänzungstraining zu machen, wenn die Effekte des ersten Trainings nicht genügend erfolgreich sind. Nach einer Pause kann es also zweckmäßig sein, das Training noch einmal zu durchlaufen oder zu verlängern. Entsprechende Untersuchungen zu Erfolgen eines Ergänzungstrainings bei schwerhörigen Erwachsenen wären wünschenswert."[177] Hören ist die Voraussetzung, um am gesellschaftlichen Leben teilzunehmen. Einschränkungen führen unweigerlich zur Vereinsamung: „In der gerontologischen Literatur werden Zusammenhänge zwischen Hörfähigkeit und Kommunikationsbehinderung in einer Reihe von empirischen Untersuchungen berichtet: Je stärker der Hörverlust, desto stärker ist das Ausmaß der berichteten Kommunikationsbehinderung. Dabei ist jedoch zu berücksichtigen, dass die Kommunikationsbehinderung in einer Reihe von Studien nicht durch Beobachtungsverfahren, sondern mittels Selbstbeurteilungsskalen erfasst wurde."[178]

Fühlen und Tasten

Die Fähigkeit, mit dem Tastsinn die Welt zu erfahren, beginnt im Säuglingsalter und endet erst in den letzten aktiven Stunden des Lebens. Nicht nur mit den Händen und den Füßen, wir erleben die Körperlichkeit der Welt mit der gesamten Oberfläche unseres Körpers, im Sommer wie im Winter, in offener Landschaft wie in geschlossenen Räumen. Unser Körper empfängt ständig die für die Haut wahrnehmbaren Signale und leitet diese über einen komplizierten Mechanismus an das Gehirn weiter. Altersbedingt verringert sich die natürliche Leistungsfähigkeit der taktilen Sensitivität um circa 25 Prozent. Eine Abnahme der funktionierenden Meissner-Tastkörperchen ist ab etwa dem 30. Lebensjahr zu verzeichnen.[179] Wie gut der Tastsinn eines Menschen ausgeprägt ist, zeigt sich durch entsprechende Messungen an den aktiven Bereichen des Gehirns. Durch bildgebende Verfahren der Magnetresonanztomografie lassen sich Areal und Größe der Hirngebiete messen, die mit der Verarbeitung der Tastinformationen beschäftigt sind. Messungen belegen, dass Musiker in ihrem Gehirn viel mehr Rechenkapazität für den Tastsinn haben als andere Menschen. Dasselbe gilt für Blinde, die mit den tastenden Fingern Blindenschrift lesen können. Oberflächen werden mit Händen und Füßen regelrecht gelesen und in den Erinnerungen gespeichert. Dabei bietet die Orientierung im öffentlichen Raum eine Vielzahl von Oberflächen und Resonanzphänomenen, die sich durch Art und Gestaltung des Materials zu typischen, das heißt immer auch wiedererkennbaren Bezugspunkten, ausformen. Für eine die Mobilität und Gesundheit fördernde Architektur müssen daher Aspekte taktiler Attraktion im Hinblick auf ideale Raumpläne völlig neu erschlossen werden.

Taktile Attraktionen

Die Stimulation taktiler Fähigkeiten erleichtert nicht nur den Alltag, auch wenig genutzte Regionen im Gehirn werden aktiviert. „Wenn die Knochen und Gelenke mit den Jahren immer unbeweglicher werden, dann lässt mit der mangelnden Benutzung der Finger auch der Tastsinn nach und die entsprechenden Areale im Gehirn werden kleiner."[180] Altersbedingt verändert sich auch die motorische Leistung, die Tastschärfe nimmt ab. Präferenzforschung taktiler Aspekte gilt es weiter zu entwickeln.[181] Durch Training können bereits verlernt geglaubte motorische Kompetenzen wiedererlangt werden.

Kleinteilig ist das Zusammenspiel der Sinne dargelegt, um den Aspekt des haptisch-taktilen Begreifens der Welt, der für Ältere der zunehmend wichtige Bezug zur Umgebung ist, zu erläutern. Der Tastsinn gilt als der in der Entwicklung am frühesten (postnatal) ausgeprägte Sinn; dies hat zur Folge – nimmt man den *return to the beginning* (Gesine Marquardt) als Hinwendung zur Kindheit im Alter –, dass wir abhängig von haptischen Kontakten sind. „Die Haut wird dabei als größtes sensorisches Organ bezeichnet und sendet auf vielerlei Arten Impulse, (…) die Verarbeitung dieser taktilen Eindrücke ist zum Beispiel für Kinder wichtig, um sich geborgen zu fühlen, was wiederum Einflüsse auf das Lernverhalten und die Lernfähigkeit ergeben kann."[182]

Riechen und Schmecken

Im Bereich sensualistischer Faktoren, die unsere Wahrnehmung von Umwelt von der Wiege bis zur Bahre bestimmen, werden unsere Geschmackssinne – wie auch das Hören – bereits im pränatalen Stadium geprägt. Aromatische Vorlieben korrespondieren zunächst mit denen der Mutter, die durch das Fruchtwasser und die Muttermilch weitergegeben werden. Ein wiedererkanntes Aroma vermittelt Geborgenheit. Mit zunehmendem Alter prägt der junge Erwachsene seine Vorlieben aus, im höheren Alter dienen Aromen wie andere sensuelle Stimulanzen der Anregung. Doch infolge natürlichen Alterns bilden sich die Sensoren zurück, wie aus den Studien von Weissmantel zu entnehmen ist: „Geruchs- und Geschmackssinn lassen nach, und insbesondere der Geruchssinn dient oft nicht mehr zur Kontrolle der Umwelt. Während der Geschmack hauptsächlich dem individuellen Wohlbefinden beim Essen dient, erfüllt der Geruchssinn darüber hinaus die Funktion eines Warnmelders bei Erkennung von Rauch- oder Geruchsentwicklung bei Gerätefehlfunktionen. Sogar die Vorlieben des Geschmacks ändern sich mit zunehmendem Alter.[183] In der Forschung wird die Altersentwicklung des Geruchs- und Geschmackssinns nur am Rande behandelt. Es herrscht Einigkeit über eine nachlassende Funktionsfähigkeit dieser oft sogenannten niederen Sinne. „Die genaue Entwicklung der nachlassenden Funktionen und die Ursachen dafür sind bisher nicht näher erforscht."[184] Die Bedeutung und Funktion altersgerechter Stimulation der Geschmacksnerven wird in der wissenschaftlichen Literatur kaum behandelt. Neben der Förderung des Differenzierungsvermögens und einer damit verbundenen Verbesserung der Ernährung ist bekannt, dass eine ausgewogene, saisonal und regional geprägte Auswahl und Zubereitung von Speisen einen überaus fördernden Charakter hat. Es geht nicht nur um die Lust am Essen, es geht um die damit einhergehende gesamte Versorgung und Aktivierung von Stimulanzen. Hier besteht Forschungsbedarf. Es finden sich nur wenige Hinweise in der Literatur, unter welchen Bedingungen die Speisen für Ältere angeboten werden. Tassen, Gläser und Behältnisse sind im Mobiliar aber ebenso zu berücksichtigen wie deren Präsentation auf dem Tisch. Besonders die Trinkgefäße sind durch Material und Form bedingt extrem bedeutsam für die Verbreitung von Aromaten. Ebenso kritisch werden bereits heute Serviceleistungen wie die Anlieferung von Essen auf Rädern in der häuslichen Pflege gesehen, da die aromatische Vielfalt kaum gegeben ist und die für das Essen notwendige Stimulation der Sinne, die auch appetitanregend ist, fehlt.[185]

Doch nicht nur über die Nahrung werden unsere Sinne in allen Lebensphasen durch Aromen stimuliert; wir empfangen mit jedem Atemzug Informationen über unsere Umgebung. Der Geruch nach Waschpulver kann zum Beispiel die Assoziation „Freitag – Waschtag" auslösen. Im Bereich der Innenräume ändert sich das jahreszeitliche Klima in der Regel am deutlichsten, wenn die Heizperiode beginnt, und damit ändert sich auch die Aromatisierung der wohnlichen Umgebung, die Luft wird deutlich trockener. Der Geruch von natürlichen Materialien wie Holz verändert sich.

Bewegung wird übereinstimmend als ideale Form der Stimulation aller Sinne angeführt: „Gemeinschaftliches Spazierengehen ist eine ideale Beschäftigung für ältere Menschen auch bei Demenz. Täglicher Kontakt der Haut mit Sonnenlicht ist wichtig für die Gesundheit. Reize wie Kälte, Wärme und Wind oder auch mal Regen oder Schnee regen die Sinne an. Darüber hinaus kräftigt jede Art von Bewegung die Muskulatur und verbessert die Koordination."[186] Verbreitet sind im Bereich der Demenzpflege Kräuter- und Duftgärten, deren jahreszeitlicher Wachstumszyklus die Sinne anregt. In den letzten Jahren wurden besondere Gärten im Bereich der Außenanlagen von Krankenhäusern und Altenpflegeeinrichtungen stärker berücksichtigt, die Integration in die Pflegekonzepte jedoch wird noch kritisch beurteilt: „Verbleibende Restflächen werden meist mehr oder weniger pflegeleicht eingegrünt. So entstehen oft langweilig wirkende Anlagen (keine Gärten), die die Ansprüche und Bedürfnisse der Nutzer nur unzureichend berücksichtigen."[187] Hier werden wertvolle Möglichkeiten vernachlässigt, die bei geringem Aufwand große Wirkung zeigen, gerade auch wenn die Bewohner zur Pflege der Flächen eingebunden werden.

Einen weiteren und bislang wenig beachteten Aspekt bildet die bauliche Umgebung, deren Materialien und Oberflächen nicht nur akustische, sondern auch olfaktorische Eigenschaften haben. Im Zusammenspiel von Architektur, Gartenanlagen und Ernährung spiegeln sich die Möglichkeiten einer olfaktorischen Welt, auf die ältere Menschen extrem stark angewiesen sind, da sie selten in der Lage sind, die für sie lebensnotwendigen Stimuli für den Erhalt sinnlicher und kognitiver Kompetenz aus eigener Kraft zu sichern. Erinnern lassen sich viele Gerüche, die, besonders in der Weihnachtszeit, zu starken emotionalen Bildern führen. Geruch und Erinnerung sind daher ideale sinnliche Bereiche, um die biografische Identität in sämtlichen Phasen des Alters zu bewahren, deren Verbindung immer mit dem Raum der Architektur und ihrer Atmosphäre verbunden sein wird.[188]

Assistenzsysteme und Smart Home

In verschiedenen Phasen unseres Lebens ändern sich die Ansprüche an funktionale Voraussetzungen, nicht nur an die architektonische Umgebung. Unsere Wohnungen sollten für ältere Menschen mehr anbieten, als bisher möglich schien. Wie bereits in jungen Jahren, so leben wir auch im Alter idealerweise im ständigen Austausch mit unserer Umgebung. Wir sind Teil einer sich verändernden Gemeinschaft, von der zu hoffen ist, dass sie sich auf veränderte kognitive Leistungsfähigkeit und zunehmend eingeschränkte sensorische Kompetenz ihrer Mitglieder einzustellen vermag. Auch die emotionale Balance kann im Alter an Stabilität verlieren, wenn die Kontakte weniger werden. Ältere Menschen sind auf jeden Fall schutzbedürftig. Sie sind Teil einer insgesamt alternden Gesellschaft. Mit dem Rückgang der Geschwindigkeit bei der Aufnahme, Verarbeitung und Planung kognitiver und motorischer Handlungen werden wir täglich in allen Lebensbereichen konfrontiert. Alt werden heißt, auch langsam werden zu dürfen. Was uns schnell erscheinen mag, ist für andere langsam. Und umgekehrt.

Der alternde Mensch ist zunehmend auf Regeln angewiesen, die sich oft in täglichen Ritualen festigen; wie schon Kinder durch die ständige Wiederholung des scheinbar Gleichen lernen. Abläufe prägen sich ein, älteren Menschen hilft die Regelmäßigkeit, um sich leichter in geordneten Tagesabläufen einzufinden. Besonders, wenn sie sich in einer neuen Umgebung einrichten müssen. Rituale vermitteln Sicherheit. Solche wiederkehrenden Bilder sind auch mit den Jahreszeiten verbunden, die durch die Färbungen des Lichts, das Klima und damit assoziierte Aromen unmittelbar das sensorische Zentrum ansprechen, das für unser Wohlbefinden zuständig ist. Übergänge von der Wohnung in die Öffentlichkeit, die für uns selbstverständlich und noch mühelos beherrscht werden, helfen selbstständig zu bleiben; diese Schwellen gilt es zu bewahren sowie alle damit verbundenen Barrieren so niedrig wie überhaupt nur machbar zu gestalten.

Systeme

Selbstfahrende Systeme in Autos[189], deren Handhabung sich fast intuitiv gestaltet, werden bereits erfolgreich in der Praxis erprobt. Wie im Automobil übernehmen im Idealfall heute und in Zukunft auch im Wohnbereich Smart-Home-Komponenten zunächst einfache und dann zunehmend komplexere Aufgaben. Von der Steuerung und Vernetzung der Haustechniksysteme im privaten Bereich bis hin zu Hausgeräten und Unterhaltungselektronik gewinnt die Interaktion der Komponenten an Bedeutung. Verbindungen und Steuerungen der Geräte sind bereits daraufhin angelegt, Sicherheit und Energieeffizienz zu verbessern und somit Wohnqualität zu erhöhen. Assistenzsysteme lernen für uns, denken mit und bieten damit zunehmend Komfort und Sicherheit. Sie passen sich an die Gewohnheiten und Abläufe ihrer Nutzer an und werden so zu einem fast unsichtbaren Butler. Insbesondere mit dem Rückgang kognitiver Fähigkeiten gewinnen sie in vielen einzelnen Bereichen an Bedeutung –von Komfortsteuerungen über Versorgungsdienste und Unterhaltungsangebote bis hin zu medizinischer und auch seelsorgerischer Betreuung. Es hat sich als Erkenntnis durchgesetzt, dass auch auf das Wohlergehen von Angehörigen und Pflegepersonal stärker zu achten ist. Menschen mit kognitiven Einschränkungen, Angehörige und Pflegepersonal können gleichermaßen diesen Komfort in vielen Bereichen nutzen. Was älteren Menschen hilft, entlastet die Familie, schenkt Geborgenheit, Sicherheit und Zeit. Heute ist es kaum mehr vorstellbar, wie der Kontakt mit der Familie über weite Entfernungen ohne Telefon gehalten werden könnte. Oft ist es ein Drama, wenn der Anschluss gestört und die Verbindung unterbrochen ist. Wie beim Telefonieren sollten Interaktionen der Hilfssysteme für alle einfach und intuitiv zu bedienen sein. Sind die Geräte selbstverständlich zu handhaben, ist ihr Nutzen groß.

In den vergangen Jahren haben die Zulieferer der Automobilindustrie erneut unter Beweis gestellt, wie innovativ Hilfssysteme sein können. Sprachsteuerung, Müdigkeitswarnsysteme, automatische Fahrfunktionen, Einparkhilfen – die Liste ist lang. Vieles kann modifiziert oder in der Anwendung übernommen werden. Automobiltechnik erobert das Wohnzimmer. Bei der Beurteilung der Leistungsfähigkeit von Assistenzsystemen im Automobilbereich wie im Smart-Home-Bereich sollte bedacht werden, dass nicht nur die von kognitiven Einschränkungen betroffenen Personen unterstützt werden, sondern das gesamte Umfeld bzw. alle Verkehrsteilnehmer im öffentlichen Raum an Sicherheit gewinnen sollen.

Die Förderung von Assistenzsystemen ist daher von besonderem sozialpolitischen Interesse.[190] Im häuslichen Bereich werden Abläufe sicherer, sie werden schlicht auch erleichtert. Neue Situationen können mit smarter Technik emotional wie organisatorisch leichter vermittelt werden, als dies durch die Zuhilfenahme von Pflegepersonal möglich wäre. Dabei lassen sich tägliche Abläufe auch mithilfe der Haustechnik neu gestalten; insbesondere wenn die Nutzer frühzeitig mit Technik vertraut gemacht werden. Um jedoch den Erhalt des weitestgehend selbstständigen Wohnens langfristig zu sichern, werden Angehörige, Freunde, ambulante Einrichtungen sowie Pflegedienste bald zum Alltag der betroffenen Personen gehören. Der Eintritt in die neue Lebensphase birgt eine Vielzahl von Zielkonflikten für alle Beteiligten. Um ein Leben mit kognitiven Einschränkungen erfolgreich und für alle zufriedenstellend gestalten zu können, wird eine Beurteilung des Wohnumfelds als Ort von Bewegung, Stimulanz und Sicherheit nicht ausbleiben können. Familiäre Zuwendung, Assistenzsysteme oder den schnellen Weg in eine Alteneinrichtung gilt es im Einzelfall abzuwägen. Das persönliche Umfeld entscheidet über den gemeinsam zu gehenden Weg. Regionale Voraussetzungen und die ambulanten wie stationären Ausstattungen geben den Rahmen. Im Idealfall bleiben die Menschen lange in der ihnen vertrauten Umgebung, in den meisten Fällen aber sind die Angehörigen gefordert. Die auf Altersprozesse spezialisierte Psychologin Alexandra Brylok spricht sich ausdrücklich für den Einsatz technischer Hilfen aus, um Betreuungsprozesse einfacher zu machen. Es geht um die Gestaltung zwischenmenschlicher Interaktionen, die erlernt werden müssen. „Der pflegende Partner ist stärker als der Betroffene gefordert und benötigt in der Wohnung und dem Umfeld Regenerationsmöglichkeiten. Das erfordert Rückzugsflächen, Kommunikationsmöglichkeiten und die psychische Betreuung für sich selbst. Das Wohnumfeld der gesunden Mieter muss sich an die Besonderheiten der Demenzkranken gewöhnen und darf diese nicht als abnormal oder abstoßend empfinden.“[191] Solche Einstellungen kommen keineswegs von selbst, sondern müssen vermittelt und im Idealfall zwischen den Beteiligten moderiert werden.

Mit dem Erhalt persönlicher Lebensführung und damit verbundenen Kontrollfunktionen in den Bereichen Ernährung, Teilhabe am öffentlichen Leben, Aufrechterhalten des eigenen Wohnraums und der Privatsphäre, die in der Vergangenheit für den Menschen wichtig waren, lässt sich die Geschichte eines individuell bestimmten Lebens bis ins hohe Alter fortschreiben, wenn dem von kognitiven Einschränkungen Betroffenen die Kommandobrücke seines Lebens nicht entzogen wird. Dazu wird es notwendig werden, seitens der Architekturplanung dem Kunden ein auf ihn maßgeschneidertes Wohnen anzubieten, das ihm eine neue Raumerfahrung, ein neues Erleben ermöglicht. Es basiert auf einem neuen, multisensorisch geprägten Architekturverständnis, das Smart-Home-Komponenten auf diskrete Art integriert. Räume der Architektur werden dabei wie lebendige Körper erfahren, die mit dem Menschen in Kommunikation stehen. Räume beginnen zu atmen, zu sprechen und sie beeinflussen damit unser Wohlbefinden. Das Sichtbare und Unsichtbare der Architektur kann nun auch unter den Begriffen Ambient Assisted Living (AAL) und Smart Home gefasst werden.

Gebäudetechnik

Hier wird gerade Neuland erschlossen. In dieser Folge sehe ich eine Reihe funktionaler Smart-Home-Elemente, die sich als Teilsysteme darstellen und in mindestens fünf Punkte gliedern lassen. Angefangen mit der Steuerung der Kommunikationssysteme, die als eine mobile Kommandobrücke in allen Räumen und in sämtlichen Haltungen genutzt werden kann. Voraussetzung für den Erfolg ist eine intuitive, einfachste Steuerung, die sämtliche Bereiche abdeckt, vom Schalter zum Smartphone, vom Heizungsknopf bis zur selbstregulierenden Klimatechnik. Automatisierte Serviceleistungen und Sicherheitssysteme werden von diskreten Sensoren und einem umfassenden Biofeedbacksystem ergänzt. Hinsichtlich der medizinischen und der pharmazeutischen Versorgung wird das Dienstleistungs- und medizinische Versorgungsnetzwerk eingebunden, das einen einfachen Zugang zu der zu betreuenden Person ermöglicht. Der Mensch steht dabei als Entscheider dieser Möglichkeiten im Mittelpunkt eines kleinen Hofstaates, der elegant und diskret begleitet und auf Abruf zur Verfügung steht, aber sonst nahezu unsichtbar bleibt.

Die Akzeptanz der AAL- und Smart-Home-Technik und hat in den vergangenen Jahren spürbar zugenommen. Die zentrale Frage dabei lautet: „Kann durch die Integration von Technologie in unseren Wohnraum, in Designobjekte und Alltagsgegenstände, eine emotionale Verbindung zwischen uns und unserer direkten, aber auch weit entfernt liegenden Umgebung aufgebaut werden?"[192] Unbedingt! Die Realität bestätigt diese Frage eindeutig positiv. Mobilität als Aspekt einer digitalen Heimat innerhalb eines stabilen Netzwerks gewinnt zunehmend an Bedeutung. Was im Smartphone-Bereich zwischen individuellem Datentransfer und professionellen Dienstleistungen in den vergangenen Jahren etabliert werden konnte, steht im Bereich von Smart Home noch aus. Für eine flächendeckende Durchsetzung sind zunächst offene Fragen der Kommunikationsstandards zu klären. Bislang konnten sich die auf dem Markt befindlichen Systeme aufgrund unterschiedlicher Standards nicht entsprechend eindeutig etablieren.[193] Diese Phase scheint in nächster Zeit (bis 2017) überwunden zu werden. Es lohnt sich, diese Entwicklung genau zu beobachten, zumal die Wohnungsbautätigkeit voraussichtlich weiter überproportional ansteigen wird. Die Wachstumsrate im Wohnungsbau wird über dem für die nächsten Jahre prognostizierten Bedarf von 3,1 Prozent per anno (2014–2017) liegen, da zum Zeitpunkt der Studie der zunehmende Bedarf durch die Einwanderungsbewegung noch nicht zu erkennen war. Gleichzeitig steigt auch die Bautätigkeit im Bereich der Renovierung und Sanierung von Gebäuden. Die Aufwendungen dafür übertreffen fast um das Doppelte diejenigen im Neubaubereich. Dafür verantwortlich ist die Verdichtung in den Städten, bei begrenztem Platzangebot für Neubauten ein wichtiger Faktor. „Dazu kommt ein weiterhin hoher Bestand an renovierungsbedürftigen Gebäuden sowie eine nur moderate Renovierungs- und Sanierungsquote."[194] Am deutlichsten wächst der Bereich der Entwicklung und Steuerung der Gebäudetechnik, insbesondere im Hinblick auf die Energieeffizienz – sie ist als ökonomisch wesentlicher Faktor relativ leicht durchsetzbar. Als Resümee: „Obwohl Smart Home als marktrelevanter Faktor mit hoher positiver Wirkung angesehen wird, wird ihm bislang nur eine moderate Bedeutung zugeschrieben. Zum einen ist Smart Home nur auf den Wohnungsbau limitiert, zum anderen steckt Smart Home nach wie vor in den Kinderschuhen (mit einer im Vergleich noch geringen Marktgröße). Für die Zukunft wird von den Marktteilnehmern jedoch enormes Potenzial im Smart Home gesehen, was zu einer hohen Relevanz dieses Themas führt."[195]

Serviceleistungen

Die erfolgreiche Platzierung eines multisensorischen Wohnens in Verbindung mit Smart-Home-Techniken am Markt hängt auch von den den dafür ergriffenen Marketingmaßnahmen ab. „Sie wird als unsichtbare Architektur bezeichnet, als aurale Architektur oder Architektur eines räumlichen Bewusstseins. Es geht um die Sphäre, in der die Raumbildung über das rein Visuelle hinausgeht und weitere menschliche Sinne wie Hör- und Tastsinn einbezieht – in der individuelle Erinnerungen, Emotionen und Assoziationen zur Identifizierung mit einem Raum beitragen, zur inneren Erfahrung einer externen räumlichen Realität."[196] Spuren im Raum hinterlassen wir, meist ohne dies zu wissen. Druckstellen im Boden, Geräusche der Bewegung und thermische Verläufe unserer Lebensform sind es, die wir über die Jahre regelrecht in den Körper der Architektur einbrennen. Vieles vergeht, manches aber bleibt. Kein (Wohn-)Raum, der nicht die Atmosphäre seiner Nutzung noch über Jahre wie eine Batterie langsam und regelmäßig abstrahlt. Räume sind Systeme der Erinnerung. Wie Kindergärten, Schulen und Turnhallen, die ein langes sensorisches Nachleben haben können. Unsere Räume laden wir förmlich auf, sie wirken auf uns zurück und tragen zur Prägung unseres Raumverhaltens bei. Boden, Wände, Licht und Resonanz beeinflussen unser Verhalten im Raum.

Komfort und Service bilden aktuell die Schlüsselbegriffe, wenn exklusiver Wohnraum angeboten wird. In Kombination mit Verbindungen wie Bluetooth, Ethernet und WLAN lassen sich funktionale Zusammenhänge des Wohnens auf individuelle Profile abstimmen. Lebensgewohnheiten werden zu Impulsgebern von Steuerungseinheiten. Es geht um weit mehr als den Fahrstuhl, der sich lautlos öffnet, und die Wohnungstür, die bei der Annäherung des Bewohners und dessen Smartphone Signale auslösen. Ein Hamburger Entwickler bietet ein intelligentes Haus der Zukunft an, dessen Bewohner informiert werden, wenn in der zentralen DHL-Paket-Station etwas angekommen ist. Eine SMS oder E-Mail wird verschickt und benachrichtigt, „die Badewanne, in der man unter Wasser Musik hören kann, lässt sich ferngesteuert befüllen; der Kühlschrank meldet, wenn das Haltbarkeitsdatum der Milch abgelaufen ist, ein Sensor misst den CO_2-Gehalt der Raumluft und lässt bei schlechtem Wetter die Schreibtischlampe blinken."[197]

Was sich in den letzten Jahren in europäischen Hauptstädten zum Trend entwickelt hat – Wohnraum für eine bestimmte Zeit zur Verfügung zu stellen –, entspricht der wachsenden Mobilität, die vor allem in prosperierenden Städten an Bedeutung gewinnt. Bindungen zu Menschen verändern sich. Was für manchen älteren Menschen als Rettungsanker erkannt wird, ist für jüngere Menschen der Alltag. „Telepräsenz ist ein Thema, das (…) vor allem im Büro- und Arbeitskontext zum Beispiel in Form von Videokonferenzen Anwendung fand."[198] In der Ferne ganz nah, so stehen wir mittels Skype mit unserer Familien und unseren Freunden jederzeit in visuellem Kontakt. Was heute selbstverständlich ist, hat eine lange Entwicklung hinter sich. Emotional werden technische Geräte dann besetzt, wenn es dem Nutzer möglich ist, über eine Distanz Erlebnisse mit einem anderen Menschen zu teilen. „Kleine Elemente, die die Präsenz des Partners zeigen, ohne hochauflösend zu sein, ohne dass der andere wirklich gegenübersitzt, sondern eher das Gefühl des Zusammenseins, des Teilens."[199] Die Hilfe von Assistenzsystemen anzunehmen stellt, wenn die technischen Herausforderungen nicht zu hoch angesetzt sind, Menschen nicht vor die gleiche Entscheidung, wie Hilfe von anderen Menschen anzunehmen. Das Bild gilt: Es sollte unser Ansatz sein, das Auto ins Wohnzimmer zu stellen, um an dessen Komfort jenen Standard zu messen, den wir auch zu Hause haben könnten. Wenn die Systeme im Auto heute bereits den Zustand des Fahrers erfassen können, um ihn bei drohender Gefahr eines Sekundenschlafes zu einer Pause zu motivieren, so sollten ähnliche Erinnerungshilfen, die zum Beispiel auffordern zu trinken, zu essen oder die tägliche Medizin einzunehmen, in Zukunft auch in einer Wohnung möglich sein.

Sicherheit im Alter

Wie es ihnen aktuell geht, in welcher körperlichen und seelischen Verfassung sie sich befinden, wissen Sie sicher selbst am besten. Darüber hinaus lassen aus biometrischen Daten wie Temperatur, Atmungsaktivität, Ernährungsgewohnheiten weitere Erkenntnisse gewinnen. Auch die Nutzung elektronischer Geräte kann Hinweise geben, etwa eine Kaffeemaschine, die zur gewohnten Zeit am Morgen genutzt wird, dann der Toaster, der eingeschaltet wird, und die Marmelade, die aus dem Kühlschrank genommen wird. So kann der Tag beginnen. Wann wird die elektrische Zahnbürste, wann die Toilettenspülung benutzt? Smart-Home-Systeme sind in der Lage, solche Tagesabläufe zu lernen, um daraus Rückschlüsse zu ziehen und etwa Abweichungen von Gewohnheiten zeitnah zu registrieren. Der Einsatz körpernaher Sensoren, die in Kleidungsstücken befestigt sind, erübrigt sich dann meist.

Die Palette aktueller biometrischer Daten, die meist aus dem Bereich der Krankenhäuser in die Pflege übernommen wurde, um die Bewohner besser versorgen zu können, kann dann eingeschränkt werden. Wird die Erfassung von Bewegungen zur Grundlage von Sicherheitsmaßnahmen, die jede Analyse noch mit Momenten der Belohnung versehen kann, wie dies etwa bei Schrittzählern praktiziert wird, so erfahren Nutzer eine deutliche Motivation: Gut gemacht!

Bewegt sich ein Mensch selbstständig im Raum, so vollzieht er bereits eine komplexe Leistung, die sowohl motorische als auch kognitive Vorgänge voraussetzt. Sicherheit im Alter kann vieles bedeuten, doch nichts ist in dieser Hinsicht so wertvoll wie der Kontakt mit der Nachbarschaft, der sich in täglichen Ritualen spiegelt. Mit der Anzahl wiederkehrender Begegnungen steigt die Ansprache und damit deutet sich jener Kreislauf an, den es zu erhalten, zu fördern und oder auch wiederzubeleben gilt. Von den auf dem Markt befindlichen oder noch in einer experimentellen Phase befindlichen Projekten begeistert mich ein in New York City im Jahr 2009 realisiertes Topfpflanzensystem. Über einen Gebäudeblock wurden Pflanzen verteilt und durch einen elektrischen Kreislauf verbunden, der über den Feuchtigkeitsstand einzelner Pflanzen gesteuert wurde. Es ging darum, die CO_2-Bilanz der Pflanzen, die offensichtlich vom Wasserhaushalt beeinflusst ist, als diskretes System einer Gemeinschaft zu installieren. Gegenseitig konnten sich so die Teilnehmer kontrollieren, man wusste, ob der Nachbar bereits die Pflanzen gegossen hatte. Denn nur bei den positiven Emissionswerten gut gepflegter Pflanzen wurde auch das Licht der Verbraucher in der Wohnung aktiviert.[200] Dieses Modell kann ausgebaut werden, um als Medium der Kommunikation zu wirken. Das vermeintlich neutrale Thema, die Pflanzenpflege, lässt sich beliebig variieren und zu Gemeinschaftssystemen unterschiedlicher Formate ausbauen, die die Idee nachbarschaftlicher Nähe aufgreifen und zunächst kein professionelles Personal erfordern. Hier bieten sich Forschungsfelder zur interaktiven Architektur an, die „das Gebäude als Teil eines komplexen Ökosystems aus miteinander vernetzten Geräten, Sensoren, Bauwerken und virtuellen Räumen, Häusern, die untereinander kommunizieren und Informationen über ihren Energieverbrauch, ihre Belegungsrate und notwendige Wartungsarbeiten austauschen und sogar voneinander lernen, darstellt."[201] Unterstützende bauliche Maßnahmen, wie die Sichtbarkeit von Menschen durch entsprechend niedrige Fenster, helfen dabei, den Kontakt zur Umgebung aufrechtzuerhalten. Möglichkeiten, die Sicherheit im Gebäude für Menschen mit kognitiven Einschränkungen zu gewährleisten, etwa in Gestalt von überdachten Wandelgängen, Rundgängen und Innenhöfen, wurden schon angedeutet. Die Schnittstellen zwischen Innen- und Außenraum werden dabei als ein eigener Bereich ausgewiesen, den der englische Architekt Garuth Chalfront wie folgt beschreibt: „Edge Space ist der Übergangsbereich an der

Gebäudeaußenwand, der sowohl den Innen- als auch den Außenbereich um-fasst. Dort, wo die Bereiche zusammenkommen, gibt es ein großes Potential, Natur, Aktivität in das Leben der Bewohner zu bringen."[202] Tagesabläufe, die sich gerade bei älteren Menschen mit mehr Zeit gestalten lassen, können zudem durch die Haltung eines Haustieres angeregt werden. Wenn sie zum Beispiel einen Hund besitzen, so fordert das Tier sie täglich zu vielen Schrit-ten im Freien auf.

Notfallsysteme

Werden im Bereich privaten Wohnens technische Systeme zur Absi-cherung im höheren Alter notwendig, bietet der Markt bereits eine Vielzahl von Produkten an. Ähnlich aber wie bei den nachbarschaftlichen Bindungen sind auch hier nur diejenigen Systeme erfolgreich, die einen Kreislauf zwischen dem Sender und dem Empfänger gewährleisten. Nur wenn der Nachbar, ein Familienmitglied oder eine Freundin sich in einer angemessenen räumlichen Distanz befinden, die auch kurzfristig zu bewältigen ist, nur dann macht der Notruf auch Sinn. Sturzmelder, die am Arm getragen werden sollen, Röchel-sensoren, die in der Wohnung verteilt sind, besondere Bodenbeläge, die Schritte zählen und an ein automatisches Alarmsystem angeschlossen sind, das aktiv wird, wenn etwas auf den Boden fällt, sind vielleicht in akuten Fällen angebracht, generell aber fühlen sich die Nutzer solcher SOS-Systeme durch die Geräte selbst unter Stress gesetzt. Das beste Notfallsystem ist und bleibt der Mensch, der in seiner Umgebung mit Menschen lebt, die ihn kennen und auf ihn reagieren.

Privatsphäre und Öffentlichkeit

Haus und Raum

Das Verhältnis des Menschen zu seiner Umgebung lässt sich über konkrete Typologien der Bewegung in den Räumen bestimmen. Kreise mit unterschiedlichem Durchmesser werden mit dem Alter assoziiert. In früher Kindheit wachsen sie, reifen im Erwachsenenalter aus, um dann im Alter wieder merklich kleiner zu werden. An der Größe der Aktionskreise lassen sich räumliche Lebenswelten, kommunikative Leistungen und vieles mehr ablesen. In den Kreisen selbst zeichnen sich jene Muster der Bewegung ab, die tägliche Abläufe spiegeln. Manche Gebäude, wie das Alvar-Aalto-Kulturhaus in Wolfsburg, bilden solche Kreisformen sogar im Inneren aus und definieren damit verschiedene Zonen. Besondere Beachtung verdienen in diesem Kontext Räume und in ihnen zu leistende Bewegungen, an deren Beispiel die Parametrisierung von Planung, Realisierung sowie abschließender Analyse genauer betrachtet werden soll. Künftig wird es, aus dieser Perspektive gesehen, für die Beurteilung qualitätvollen Planens unabdingbar sein, die in der Wohnung, im Haus und in der Umgebung zurückgelegten Strecken ebenso genau zu erfassen, wie auch die Anteile selbsttätig vollbrachter Handlungen berücksichtigt werden müssen, die notwendig bleiben, um den individuellen täglichen Wünschen nachzukommen. Positiv erfahren werden Räume immer dann, wenn ihre Architektur zu einer Vielzahl an Bewegungen anregt. Damit werden Rückschlüsse darauf möglich, in welchem

Zusammenhang bauliche Voraussetzungen mit vitalen Funktionen stehen. Immer regen gute Räume die Sinne an. Schlechte Umgebungen hingegen berühren uns negativ, sie verhindern oder unterbinden sensorisches Erleben und sie beengen und fixieren uns meist im Raum. In manch funktionalistischer Architektur wird Bewegung sogar – und dies wird im Planungsvorsatz als vermeintlicher Komfort ausgewiesen – auf maschinell anmutende Reste, die vom Menschen noch zu leisten sind, reduziert und damit jede freie Bewegung systematisch unterbunden. Wird dann der menschliche Körper zum fixierten Objekt und Gegenstand vieler Zwangsmaßnahmen der Bewegungsvermeidung, so schädigt dies langfristig Körper und Geist, vitale Funktionen degenerieren. Werden hingegen Bewegungen durch bauliche Strukturen angeregt und gefördert, so erhöhen sich die Frequenzen kommunikativer Kontakte und vitale Funktionen erfahren eine deutliche Steigerung und sogar Regeneration. Bewegung in jeder nur erdenklichen Form hält gesund, sie lässt sich motorisch und geistig unterschiedlich gestalten, kombinieren und erfahren. Ein komplexes System von Entsprechungen, das aber klaren Regeln folgt.

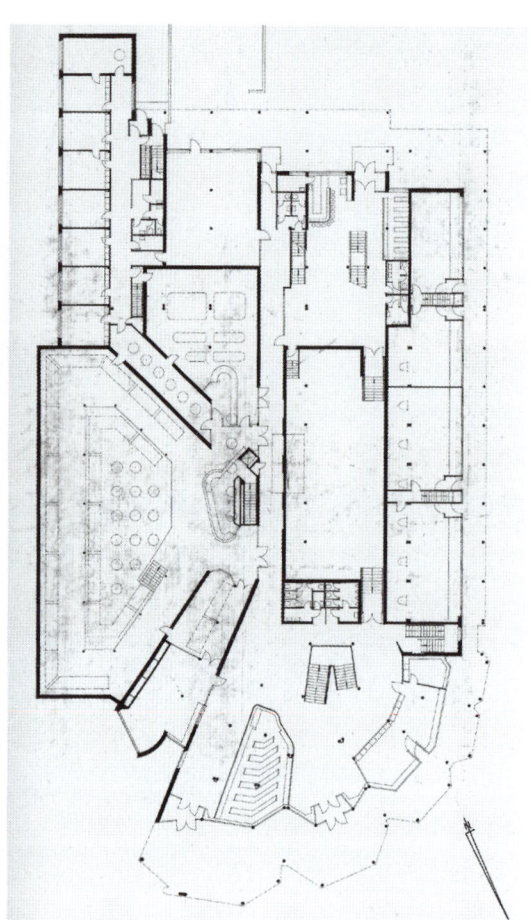
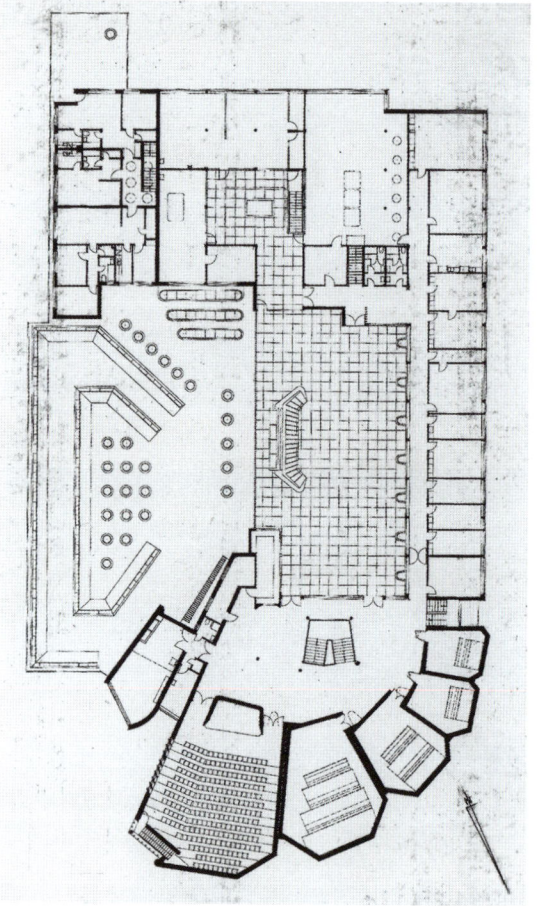

Auf die Architektur übertragen bedeutet dies, dass auch Räume und deren Umgebungen einander atmosphärisch bedingen und als wechselseitig aufeinander angewiesene sensorische Angebote gelesen werden können. Auf der Suche nach räumlichen Phänotypen, die als Referenzen für ein optimales Altenwohnen der nächsten Generation herangezogen werden sollen, bieten sich zwei Gebäudetypen bzw. Gebäudekomplexe in idealtypischer Form an: In manchen öffentlichen Bibliotheken sowie in klösterlichen Anlagen aus der Vergangenheit lassen sich Vorbilder in der Ausformung einer ganzheitlichen Lebenssphäre finden, die es heute wiederzuentdecken gilt. An manchen Häusern, die als Kultureinrichtungen oder sakrale Orte entstanden, kann gelernt werden, wie in der Vergangenheit Orte der Konzentration und Begegnung entwickelt wurden, deren Logik räumlicher Erschließung aktuell geblieben ist. Ruhe und Austausch, Kontemplation und Gespräch, Stille und Bewegung prägen die Bauaufgaben. Erst aus dem

Wechsel entsteht ein harmonisch belebtes Zusammenspiel. Werden jedoch Teilbereiche atmosphärischer Wechsel vernachlässigt oder in der Planung nicht berücksichtigt, so ist das Scheitern an der Bauaufgabe vorhersehbar. Die Kritik der Architektur sollte hier ansetzen und frühzeitig auf die sich abzeichnenden Planungsfehler hinweisen.

Unterschiedliche Grundhaltungen und Tätigkeiten des Menschen sind es, die miteinander auf natürliche Weise zu verknüpfen sind. Aktuelle Planungen sind aufgefordert, immer aufwendigere und detailreichere Lösungen zu entwickeln, die insbesondere durch stark ansteigende Anteile akustischer Signale sowie bauliche Verdichtungen in urbanen Regionen notwendig werden. Bibliotheken der Moderne sind meist eingebettet in anspruchsvollere Umgebungen als in der Vergangenheit; an den komplexen Bauaufgaben sind schon manche gefeierten Architekten mit zwar eindrucksvollen, nicht aber funktional auch immer guten Fassaden in jüngster Zeit gescheitert,[203] andere Architekten sind durch diese Anforderung motiviert worden und haben regelrechte Architekturikonen erschaffen, deren Wert häufig äußerlich nicht unmittelbar ersichtlich ist.

Haus als urbanes Zentrum

Im Vergleich zu ähnlichen Häusern kultureller Begegnung ragt das von Alvar Aalto zwischen 1958 und 1962 errichtete Kulturhaus in Wolfsburg wie ein Monolith heraus. Seine Lage zwischen Porschestraße und Rathausplatz, inmitten des städtischen Kontexts, zeichnet es als architektonisches und gesellschaftliches Zentrum der Region aus – eine besondere Aufgabe des finnischen Architekten, der zuvor im Rahmen der Internationalen Bauausstellung (Interbau) des Berliner Hansaviertels mit seinem achtgeschossigen Wohnhaus Klopstockstraße 30–32 (1957) internationalen Ruhm erlangte. „Das Haus ist in seiner Längsachse knapp nach Westen geneigt, öffnet sich somit nach Osten und erzielt eine hohe Lichtausbeute für die Wohnungen. Anders als das Schwedenhaus gibt es im Haus Aalto keine fensterlosen Wände, die Wohnungen sind zu allen vier Seiten orientiert."[204] Gelungene Raumplanung, gute Wärmespeicherung und Atmungsaktivität durch die Verwendung von Ziegelsplitterbeton brachten dem Bau mehrfache Nominierungen als beste Architektur der Interbau ein. Für den in Wolfsburg zur Entfaltung gebrachten Bautyp gab es, im Unterschied zum Geschosswohnungsbau in Berlin, bislang keine Anhaltspunkte. Im Kern wurde zunächst eine Volkshochschule mit angrenzenden, altersspezifischen Lesesälen gefordert, die es als kulturellen Treffpunkt mit funktionaler Anforderung zu erstellen galt. Der Architekt wurde eingeladen und sagte sofort zu. Aalto konzipierte für sein Zentrum einen neuen Bautyp. Die terrassenförmig angelegten Lesesäle der Stadtbücherei bilden einen Raumorganismus in einzigartig fließender Qualität aus. Handwerkliches Können zeigen nicht nur die filigran ausgearbeiteten

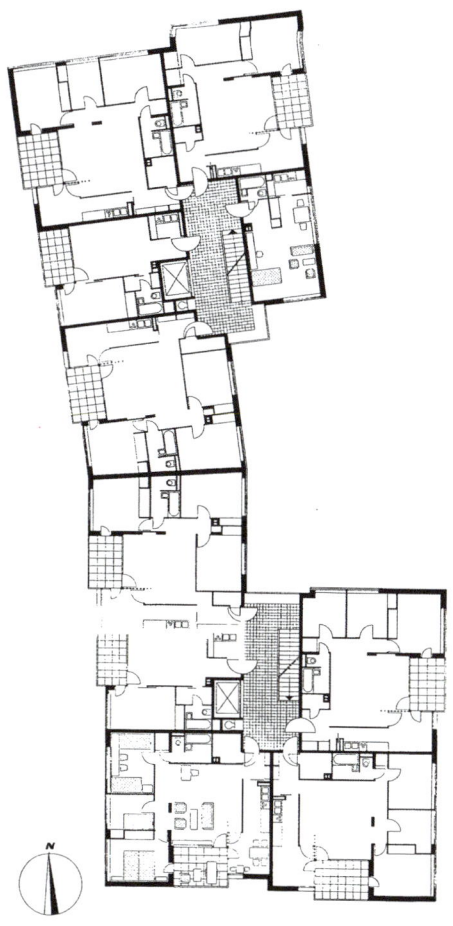

Holzgestaltungen, ein weiteres Merkmal bildet die ungewöhnliche Oberlichtgestaltung, die, auch mittels Kunstlicht, zu allen Tages- und Jahreszeiten eine gleichmäßige Lichtstimmung an den zahlreichen im Raum verteilten Leseplätzen bietet. Holzpaneele und Verkleidungen, gegliederte Deckenverläufe, Fußböden aus dämmenden natürlichen Geweben bilden lange Sichtachsen aus. Möglichkeiten, sich in Ruhe dem Studium zu widmen, gibt es im Haus viele. Das heute noch in vollem Umfang genutzte Gebäude erfreut sich einer hohen Besucherfrequenz, die verschiedenen Säle sind durch helle Gänge miteinander verbunden, die sich wie ein ruhiger Strom durch den Gebäudekomplex erstrecken. Werkstätten, ein Fotolabor sowie Hörsäle erinnern nicht zufällig an einen kleinen Universitätscampus, dessen plastisch ausgeformte Dachlandschaft zusätzliche Freiflächen bietet. Sie ist wiederum von lichten Fluren umrahmt, die an klösterliche Wandelgänge erinnern. Auf den Wegen durch das Haus sind zahlreiche Plätze zum Verweilen angelegt, die zu Gesprächen einladen und es dem Leser erlauben, auch dem Verlauf des natürlichen Lichtes zu folgen. Anleihen an die Idee des klassischen Atriums und seiner Vergrößerung in klösterlichen Kreuzgängen werden noch durch eine darunter befindliche Feuerstelle baulich überhöht, die in Form eines Wasserbeckens sogar offenes Feuer im Haus ermöglicht. Architekturhistorisch kann die in Wolfsburg realisierte Plangestalt als frühe Alternative zu dem in diesen Jahren vorherrschenden funktionalistischen Bauen verstanden werden, die hier ihre eigene Sprache findet und eine gewisse Nähe zu den Architekturkonzepten der *Gläsernen Kette* aufweist. Dies zumal, da diese Elemente einer Stadtkrone regelrecht am Haupthaus der Heilig-Geist-Kirche am Klieversberg (Wolfsburg) ausgebildet wurden. Es zeigen sich Merkmale einer ganzheitlichen Architektur und eine Nähe zu Frank Lloyd Wright sowie zu anthroposophisch favorisierten Formen. Organische Gestalten werden in Kontrast zu rechteckigen Formen gestellt. Hier wurden neue Wege gegangen – zu Recht gilt das Gebäude als gelungener Beitrag in der Geschichte öffentlicher Kulturzentren und Bibliotheksbauten.[205] Als Vorbild für eine altengerechte Begegnungsstätte kann die gesamte Anlage insbesondere durch die Lichtführung, die spielerisch gestalteten Flure, die filigranen Holzarbeiten bei klarer Erschließung herangezogen werden. Kolonnaden und ein zentraler Saal, der das Urbild einer überdachten Agora, also den antiken Platz städtischer Begegnung, zitiert, bilden im Zentrum Wolfsburgs einen öffentlichen Raum, der sensorische Qualitäten aufweist, kommunikative Angebote macht und zu einer Fülle an kulturellen Betätigungen anregt. Aalto hat mit seinem Kulturzentrum bereits eine Vielzahl der Anforderungen an das Wohnen für Menschen mit kognitiven Einschränkungen erfüllt. „Die deutliche architektonische Ablesbarkeit von Bedeutungen und Funktionen der einzelnen Bereiche sowie die klare Ausbildung der Grenzen unterstützt wesentlich die Orientierung. Weiterhin werden Störungen durch akustische Reize vermieden, wenn die Bereiche räumlich abgeschlossene Einheiten bilden."[206] Aalto gelingt es durch die offenen Regalsysteme sowie die leichte Terrassenbildung, kleine Plateaus zu gestalten, die es erlauben, Sichtachsen zu setzen, ohne dabei akustische Beeinträchtigungen in Kauf nehmen zu müssen. Die Gliederung räumlicher Bereiche gelingt zudem durch den Einsatz absorbierenden Materials. Ein Phänomen, das sich auch in der Staatsbibliothek in Berlin, Haus Potsdamer Straße, erbaut von Hans Scharoun, feststellen lässt.

Tisch, Bett und Stuhl

So wie Tisch und Stuhl die zentrale Ausstattung jeder Bibliothek sind, so ist es das Bett im Bereich des Altenwohnens. Denn mit zunehmendem Alter gewinnt das Liegen an Bedeutung; das Ruhebedürfnis nähert sich wieder demjenigen von Kleinkindern und Säuglingen. Die Gestalt der wichtigsten Möbel, deren Materialität und Ort im Raum sind auch zum beredten Gegenstand der Kunst geworden. Wie ein Tier, nur ohne Kopf, scheinen manche Möbel an Ursprünge organischer Körper zu erinnern. Bei Künstlern wie Bruce Nauman, Tracy Emin oder Angela Bulloch werden Tisch, Bett und Stuhl sogar als Abbilder des menschlichen Körpers zitiert. Diese Formen rufen religiös grundierte Bilder von in Bedrängnis geratenen, gefolterten, strapazierten Körpern in Erinnerung. Meist einzeln hängen die Objekte wie erschlafft, gefesselt und gedemütigt unter der Decke im Raum. Der Raum selbst wird zum Gefäß, das den unter Stress gesetzten, gehängten und gemarterten Körper umrahmt. Poetisch überhöht mag es scheinen, dass Tisch, Bett und Stuhl, von ihrer dienenden Bestimmung weit entfernt, vom aufrechten Gang und einer Bewegung in Würde zu träumen scheinen. Mittelpunkte der Aufmerksamkeit werden die raumgreifenden Möbel allemal, da sich der Wunsch ihrer Befreiung und Erlösung unmittelbar dem Betrachter mitteilt. Er, gebannt vom Anblick, scheint wiederum zu denken, dass Tisch, Bett und Stuhl nicht etwa neutrale Objekte im Raum sind. Nein! Tisch, Bett und Stuhl, das meint mich, das bin ich. Möbel in der Kunst und im Leben tragen Erinnerungen, zeigen Spuren ihres Gebrauches und sind emotional besetzte Gegenstände. Jede Generation hat ihre Projektionsfläche, die eine eigene Prägung hinterlässt und Phasen der Moden spiegelt. Möbel bieten aber auch Halt. In allen Lebensphasen geben sie Sicherheit, nicht nur durch die Aufnahme menschlicher Stützlasten, auch durch ihre haptischen Qualitäten; wenn die Oberflächen nicht versiegelt sind, können Möbel eine eigene Resonanz abstrahlen, die in der Lage ist, sich dem Raum als atmosphärische Färbung mitzuteilen, ohne dabei gleich zu Musikinstrumenten zu werden, wie dies der französische Komponist Erik Satie mit seiner Musique d'Ameublement im Sinn hatte.[207]

Das heißt: Möbel helfen bei der Orientierung und der Erschließung von Räumen. Obwohl diese Funktion der Innengestaltung seit einigen Jahren

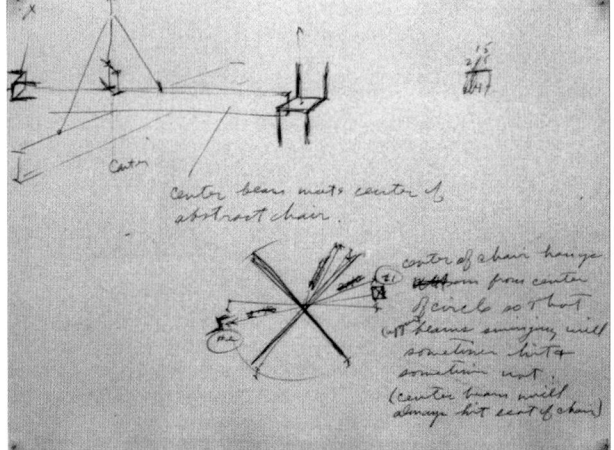

bekannt ist, wurden entsprechende Konsequenzen bislang noch nicht systematisch umgesetzt.[208] Eine geringe Anzahl von Hauptelementen sollte Orientierung im Raum bieten, da der Zustand einer lebensweltlichen Kontinuität einfach gestaltet werden muss. Identifizierbare Elemente, die mit sensorisch einprägsamen Eigenschaften aufwarten, erzeugen eine zu bewältigende Differenzierung; vorausgesetzt, die Gruppen sind in Einheiten von acht bis zehn Bewohnern zusammengefasst und der Anteil der Möbel bleibt überschaubar.

Fenster und Türen

Menschen mit kognitiven Einschränkungen und besonders demenziell erkrankte Menschen verfügen nicht mehr über die Fähigkeit, komplexe Orts- und Richtungswechsel problemlos zu bewältigen. Dies bedeutet, dass sie auf Referenzpunkte im Raum angewiesen sind. Ideal sind daher Wegsysteme und Sichtachsen innerhalb des eigenen Raumes, im Gebäude sowie in geschützten Außenbereichen, die eine sichtbare Orientierung und Wegeführung anbieten. Fenster werden entsprechend positioniert, um den Raum des Gebäudes um Sichtachsen zu erweitern und Licht einfließen zu lassen. Im Rahmen der Architekturbiennale Venedig (2014) wurde eine kleine Auswahl aus der Brooking National Collection präsentiert, die insgesamt 500.000 Fenster aus allen Epochen umfasst.[209] Während noch bei Alberti die Fensteröffnungen der Tempel „mäßig und hoch oben sein müssen, damit man nichts außer dem Himmel durch sie erblicke (…), um den Schauer, welcher aus der Dunkelheit erregt wird"[210] zu verstärken, sind die Fenster im Profanbau als Öffnungen nach draußen, zur Kommunikation angelegt. Größe und Maß werden vom Bauwerk abhängig gemacht und führen zur Entscheidung, wie viel Licht in den Raum eindringen soll.

Der Verlauf der Flursysteme und die Durchgänge sollten für kognitiv eingeschränkte Menschen geradlinig angelegt sein. Richtungswechsel, Abzweigungen und auch Rundwege werden in späteren Phasen nur noch dann bewältigt, wenn klare Referenzpunkte mit sensorischen Attraktionen vorliegen, die erinnert werden können.[211] Bislang wird in der Literatur vor allem auf visuelle Aspekte verwiesen; der Anteil haptischer und akustischer Orientierung, die durch wechselnd prägnante Fußbodenbeläge, richtungsgebende Handläufe sowie klare Resonanzfelder möglich sind, wird selten berücksichtigt. „Dass der Handlauf die Bewohnerbewegung leitet, kann zur Ausbildung von Barrieren genutzt werden. Eine taktile und visuelle Barriere entsteht, wenn der Handlauf zum Beispiel über Nebenraum- oder Ausgangstüren hinweggeführt wird."[212] Durch diese Maßnahme wird eine haptische Brücke gebaut, die Sicherheit für die Bewohner erzeugt – und dies, ohne dabei das Bild einer Zwangsmaßnahme zu vermitteln.

Ähnlich der Perspektive, die durch ein Fenster oder eine offene Tür dem Blick eine Rahmung und ein Ziel gibt, können erkennbare akustische Er-

eignisse den sicheren Weg in die Küche, das Bad oder den Gemeinschafts-
raum leiten. Die klingenden Zeichen sind emotional positiv besetzt und fordern dazu auf, sich in Richtung der Schallquelle zu bewegen, da dort vertraute Abläufe warten. Ess- und Aufenthaltsräume gewinnen im Leben der Alten
den Status eines Zentrums. Nur wer noch in der Lage ist, an den oft schon
ritualisierten Mahlzeiten und Veranstaltungen teilzunehmen, erhält vitalisie-
rende Anregungen und Rückmeldungen, die immer identitätsstiftend und le-
benserhaltend für die betroffenen Personen sind. Räume, in denen sich diese
Treffen ereignen, erweisen sich als funktionierende Orte, wenn „die deutliche
Ausbildung des Ess- und Aufenthaltsorts als ein mental gut repräsentierter
Bereich durch den Einsatz geeigneter Materialien und Möblierung erfolgt“.[213]
Oft kann beobachtet werden, dass sich das gesamte sensorische System
der Menschen an diesen Orten im Haus ausrichtet; wenn aus der Küche die
Geräusche und Düfte der Zubereitung von Mahlzeiten strömen, so orientieren
sich die Bewohner an diesen und finden ihre Wege besser und schneller, als
wenn solche Orte im Haus fehlen. Diese fast sakrale Feier des Tages wurde
besonders von dem bereits erwähnten US-amerikanischen Architekten Frank
Lloyd Wright zum Zentrum seiner Planung gemacht. Mehrfach hat er sich zu
den Feuerstellen und Herden im Haus geäußert, die von ihm, metaphysisch
überhöht, als *Altare* bezeichnet wurden.

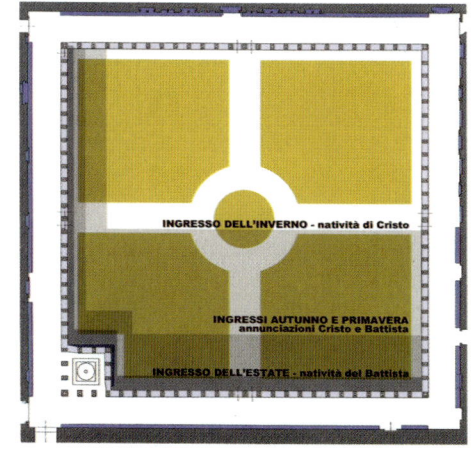

INGRESSO DELL'INVERNO - natività di Cristo

INGRESSI AUTUNNO E PRIMAVERA
annunciazioni Cristo e Battista

INGRESSO DELL'ESTATE - natività del Battista

Lebenswelten im Wandel

Die Wirksamkeit biografischer Arbeit, der Förderung der Erinnerung und einer auf bekannte Wohnmilieus abgestimmten täglichen Ansprache ist bekannt. Damit verbunden sind auch Entscheidungen, die für die Auswahl der Wohnumgebung ausschlaggebend werden. Marquardt plädiert für die Erstellung einer geeigneten Umwelt, die lebensnotwenig wird. „Die Anwendung von Maßnahmen des barrierefreien Baues, wie zum Beispiel das Vorhalten von ausreichenden Bewegungsflächen, Handläufen etc., ist eine unabdingbare Voraussetzung für die Entwicklung einer kompensatorisch wirksamen Umwelt, da demenzkranke Menschen häufig von verschiedenen alterskorrelierten psychischen Einschränkungen betroffen sind. (…) In Erweiterung bestehender Normen wie DIN 18024 und DIN 18025 gilt das Zwei-Sinne-Prinzip, welches die Informationsaufnahme eines ausfallenden Sinnes (zum Beispiel Sehen) durch einen anderen (zum Beispiel Tasten oder Hören) ersetzt."[214] Bewegung ist der Schlüssel zu sozialen Kontakten. Architektonische Strukturen haben Einfluss auf das Gefühl der Zusammengehörigkeit oder, negativ, der Vereinsamung. Bewegung fördert Begegnungen, die im Alter nur unter den Voraussetzungen kurzer Wege, einsehbarer Strecken, von Anregung und Belohnung bewältigt werden können. Vereinfacht: Ohne Motiv keine Bewegung.

Horizontale und vertikale Angebote räumlicher Erschließung gewinnen mit zunehmendem Alter an Bedeutung. Sichtachsen fördern die Kommunikation und motivieren zur Bewegung. Wenn durch die Architektur selbst bereits Stimulanzen angeboten werden, die zur Bewegung im Gebäude, in dessen schützender Umgebung und den näheren Außenbereichen anregen, so gewinnt das Bauwerk den Status eines Plateaus der Begegnung und Kommunikation. Das Haus wird – als Gebäude – unweigerlich Teil des sozialen Lebens, das sich in die Erinnerungssysteme einschreibt und Sicherheit bietet.[215] Die Lebens- und Aktionskreise gehen vom Mittelpunkt des Wohnens und dessen Anforderungen und Veränderungen im Alter aus. Dabei gilt es, sich an den Personengruppen zu orientieren und für ebendiese Menschen zu planen. In diesem Zusammenhang steht die wertvolle Studie *Hier will ich wohnen bleiben* der Goethe-Universität Frankfurt am Main in Zusammenarbeit mit der BHF-Bank-Stiftung, die einen an den Bedürfnissen und Wünschen der dort lebenden Menschen orientierten Katalog städtebaulicher Voraussetzungen enthält.[216] Wie bereits in anderen Studien nachgewiesen, wollen fast 90 Prozent der Befragten in ihren Wohnungen bleiben, wovon 15 Prozent sich aktiv mit der Umgestaltung ihrer direkten Umgebung und der Schaffung barrierefreier Zonen befassen. Im abschließenden Maßnahmenkatalog, der auf der repräsentativen Befragung von fast 600 Personen basiert, wurden architektonische Aspekte und Versorgungsaspekte an erster Stelle als Desiderate genannt, etwa Barrierefreiheit, Zugänglichkeit, Sicher-

heit und Sauberkeit, Wohnen und sozialer Austausch, Begegnung, Begleitung, Mobilität, insbesondere zu Fuß unterwegs zu sein und Möglichkeiten
zur Aktivität sowie Versorgung mit Dienstleistungen schnell zu erreichen.[217]
In den untersuchten Frankfurter Stadtteilen Bockenheim, Schwanheim und
Nordweststadt wurden übereinstimmend mehr Sitzmöglichkeiten sowie eine
bessere Anbindung an den öffentlichen Nahverkehr gewünscht. Ebenso wurden Zonen mit Tempolimits, längere Ampelphasen für Fußgänger und mehr
Rücksicht von den Fahrradfahrern gefordert.

Haus als Heimat

Welche Qualitäten ein Haus zum Mittelpunkt des Lebens und letztlich zur Heimat werden lassen, wurde literarisch bereits hinreichend beschrieben, wenn es sich um Erinnerungssysteme handelt, die früh erlernt werden und ein Leben lang fortbestehen. Von allen Eigenschaften, die in diesem Zusammenhang diskutiert werden, sind neben den sensorischen Qualitäten von Räumen, die auf dem verwendeten Material und dessen Verarbeitung beruhen, vor allem die Gestaltung des auf die Bedürfnisse der Bewohner hin ausgerichteten Grundrisses und die intuitive Erschließung der Räume von Bedeutung. Logik, Ordnung und proportionale Gliederung der Räume stehen in der Rangfolge baulicher Qualitäten seit der Antike an vorderster Stelle. „Wer den wahren und echten Schmuck eines Gebäudes herausfinden will, der wird tatsächlich einsehen, dass dieser nicht durch Aufwand und Mittel, sondern hauptsächlich durch Reichtum an Geist erworben wird und darauf beruht."[218] In der Gliederung des Grundrisses unterscheiden sich die privaten Häuser, deren Pracht aus Gründen der Tugend nach innen gerichtet sein soll, so Leon Battista Alberti, ein Diktum, dem sich manche zeitgenössische Architektur zu verweigern scheint. Gerade in der Logik der Ausrichtung des Gebäudes an seinem Standort zeigt sich der geistig hohe Anspruch. „Ich glaube, dass keiner, der gescheit ist, sich in der Zurüstung seines Privathauses von den anderen besonders unterscheiden will. Hingegen will aber jeder, der gut beraten ist, sich von niemanden in der Umsicht seines Künstlers [Architekten] und in der Anerkennung von Rat und Urteil übertreffen lassen, wodurch die ganze Einteilung und der vereinbarte Plan wunderbar auf ihren Wert geprüft werden. Diese Art der Ausschmückung selbst ist das Wichtigste und Erste.“[219]

Mit der Setzung der Fenster und der Ausrichtung der Gebäudeteile verbunden sind die Übergänge vom öffentlichen in den privaten Bereich, die durch die Anlage eines Innenhofes zusätzliche Lichtquellen erschließen können. Die Belüftung, Lichtführung und klimatische Ausrichtung spielen mit den Bewegungsflächen zusammen, die zur Verfügung gestellt werden. „Die Bedachung der einzelnen Teile der Villa ist so vorzunehmen (…), dass der Hausherr überdacht an jeden Ort gelangen kann, damit weder Regen noch Sonnenhitze im Sommer ihm dabei hinderlich sind, seine Besitztümer aufzusuchen.“[220] Erst dann entfalten die Proportionen der Räume, das verwendete Baumaterial, dessen Verarbeitung und Zusammenspiel jene Atmosphäre, die durch die Bewegung des Menschen im Raum erfahren werden kann. So wie die Beschaffenheit von Räumen einem Wandel unterliegt, verändert sich mit dem Alter des Menschen auch dessen Bezug zu den Räumen. Seitens der experimentellen Psychologie wurde bereits um 1900 geäußert, dass es den Raum als eine feste Größe nicht geben kann. Raum wird erst durch unsere Erfahrung zu etwas Konkretem. Bereits die Vorläufer der Gestalttheorie, die eine Errungenschaft der 1920er Jahre ist, wussten: „Jede Form eines räumlichen Gebildes schließt also meine formschaffende oder formgebende Tätigkeit ein. (…) Das geformte Gebilde existiert für mich gar nicht ohne diese formschaffende Tätigkeit. Diese ist notwendig in ihm, sofern das Gebilde für mich existieren soll.“[221]

Hierin deuten sich aus einer neurowissenschaftlichen Perspektive bereits Verbindungen von Musik und Architektur[222] an. Die im neuronalen Netzwerk eingeschriebenen Systeme der Erinnerung[223] sind beim Hören von Musik und beim Erfassen von Wegesystemen in der Architektur in ähnlichen Mustern angelegt. „Indem ich ein räumliches Gebilde auffasse, durchdringe ich es mit meiner Tätigkeit oder meinem Leben. Leben und Tätigkeit sind gleichbedeutende Begriffe.“[224] Derzeit noch vertretbare Altenpflegeeinrichtungen der fünften Generation bieten bereits geschützte Außenbereiche, Balkone und Gartenanlagen, die den jahreszeitlichen Wechsel der Blühphasen erleben lassen. Aufgegriffen werden dabei die Vorbilder von Atrium und Säulenhof, Kloster und Kreuzgang sowie der Galerien im profanen Wohnungsbau des 19. Jahrhunderts. Die Idee des Atriums bildet nach meiner Einschätzung den ursprünglichen Typus idealer Bewegungsflächen aus, der in verschiedenen Formen vorliegt. „Vitruv sagt im sechsten Buch, dass die Alten fünf Arten des Atriums kannten, und zwar das toskanische, das viersäulige, das korinthische, das bedeckte sowie das offene.“[225] Unabhängig von der baulichen Ausgestaltung sind die sich aus der Gestaltung des Gebäudes ergebenden Flächenverhältnisse maßgeblich für die Größe, um die tägliche Lichtführung zu gewährleisten. Sind nämlich die Innenhöfe zu klein angelegt und die Mauern zu hoch gezogen, so fällt nur wenig Licht in den Innenhof, der dann als Ort nicht im vollen Umfang über das Jahr nutzbar ist. Wertvoll sind diese Innenbereiche für alle Formen des Aufenthalts, da die überdachten Zonen Schutz vor der Witterung bieten und als regelrechte Bewegungsstrecken angelegt sind. Ihre Bedeutung wächst mit der Dauer des Verweilens, die wiederum von der Funktion der Anlage gespiegelt wird. Je länger also die Verweildauer im Gebäude angesetzt ist, desto bedeutsamer werden die Bewegungsflächen. „Concento della Carità, dort wohnen die Kanoniker. Ich habe versucht, es den antiken Häusern anzugleichen. (…) Der nichtüberdachte Teil in der Mitte ist so groß wie ein Drittel der Atriumsbreite. Über den Säulen auf der Höhe des dritten Stockwerks des Klosterhofes, dort, wo die Zellen der Mönchsbrüder liegen, befindet sich eine überdachte Terrasse."[226] Das Verhältnis von allgemeinen Zimmern sowie der Gästezimmer zu den Mönchszellen wird mit 24 zu 46 angegeben.[227] Die Wahl des Bauplatzes bestimmt zudem den Körper und die Ausstattung des Bauwerkes. „Da wir nicht – wie in der Stadt – von öffentlichen Mauern und den Mauern der Nachbarn umgeben und in sicheren, genau bestimmten Grenzen eingeschlossen sind, ist es die Aufgabe der weisen Architekten, mit allem Eifer und ohne Mühe zu scheuen, einen angenehmen und gesunden Ort zu finden."[228]

Die Bedeutung, die das Atrium innerhalb der privaten Villa eines privilegierten Bürgers bis ins 16. Jahrhundert hatte, zeigt Parallelen zur Funktion der Kreuzgänge, die das Leben der Mönche maßgeblich geprägt haben. Besonders eindrucksvoll ist mir eine solche Anlage in der Nachbarschaft der Kathedrale von Monreale bei Palermo auf Sizilien in Erinnerung geblieben. Ein großzügiger, quadratisch angelegter Innenhof mit den Maßen 47 Meter mal 47 Meter wird durch eine kunstvoll gestaltete Säulenreihe des Kreuzganges gerahmt.[229] Jede der Doppelsäulen, die 26 spitzbogige Arkaden tragen, ist filigran in feinster Mosaiktechnik gestaltet. Diese wertvollen Säulen zeichnen sich durch unterschiedliche Formen und Verzierungen aus: Manche sind glatt, andere haben einen schraubenförmigen Verlauf oder weisen eine gezackte Form auf, deren Einlegearbeiten meist erhalten geblieben sind. Diese Gänge befinden sich noch in ihrem ursprünglichen Zustand und stellen offensichtlich das Zentrum des Benediktinerklosters dar, dessen Geheimnisse es wert sind, näher erforscht zu werden.[230] Das Durchschreiten der Gänge, die fast 200 Meter betragen, wird durch einen lebhaften Licht- und Schattenwurf begleitet, dessen Ruhepunkte durch zahlreiche Sitzgelegenheiten zum Verweilen während des gesamten Jahres einladen.

Inklusion oder Exklusion

Sichtachsen und Angebote

Die Häuser des Altenwohnens und der Altenpflege, die ich bisher besucht habe, sind im Detail so verschieden wie die Wohnformen und die Menschen selbst. Das Wohnen der Alten sollte idealerweise wie im früheren Leben auch in späteren Jahren deren Persönlichkeit spiegeln.[231] Theorie und Praxis treffen jedoch kaum zusammen. Selten finden idealtypische Annäherungen statt, die heute aber immerhin bereits in Ansätzen formuliert sind.[232] Viele Menschen im hohen Alter leiden am System. Manche sogar bereits schweigend, einige durch Pharmaka stillgestellt und sogar an Bett, Tisch und Stuhl gegurtet und gebunden.[233] Maßnahmen der Fixierung, die aus Gründen der Sturzvermeidung praktiziert werden, sind kaum mehr auf rechtlicher Grundlage vertretbar,[234] dies hat im Rückschluss zur Folge, dass viele Jahre vor dem Ergreifen solcher bewegungshemmender Maßnahmen umso stärker die Bewegung in den Mittelpunkt eines altersgerechten Wohnens gestellt werden muss, um Koordination und sichere Mobilität so lange wie möglich zu erhalten. Ist die körperliche Bewegung eingeschränkt, müssen die Sinne stimuliert werden – und sei es über den Blick durchs Fenster. Solche Blickachsen auf belebte Straßen sind notwendig und dann besonders sinnvoll, wenn Bewohner über längere Zeiträume das Bett nicht verlassen können; der Rhythmus des Verkehrs gliedert, nach Auskunft des Personals des von mir an der Heerstraße in Berlin besuchten Hauses der Vita e.V. mit seiner geriatrischen Tagespflege, den therapeutischen Wohnge-

meinschaften sowie der ambulanten Tagespflege, den Tagesablauf im Haus. Die offenen Fensterfronten ermöglichen eine visuelle Teilhabe am öffentlichen Leben.

Es findet sich im Bereich des Altenwohnens auch die Erfolgsgeschichte von Menschen, die offensichtlich für sich entschieden haben, ihr Alter positiv und aktiv zu gestalten. „Mehr als 70 Prozent der über 85-Jährigen bewältigen ihren Alltag eigenständig. Tatsächlich aber sind die Hochaltrigen irgendwie unsichtbar."[235] Es sind meist nicht die Menschen, die sich freiwillig zurückziehen, sondern es sind die Anforderungen eines Systems der Architektur und der Versorgung, die nicht mehr selbstständig zu bewältigen sind und die Menschen dann in der Logik der Konsequenz von der Öffentlichkeit ausschließen.[236]

Gut, dass es sie bereits gibt, eine sich entwickelnde politische Lobby, die das gesamte Gesundheitssystem als ein System, das auch auf Gewinn hin organisiert ist, nun öffentlich infrage stellt.[237] Das Pflegeheim ist aus Sicht seiner Kritiker zum Renditeheim geworden; die verbreitete Rede von der Würde im Alter wird hier als eine Phrase gesehen, als Sprachregelung eines insgesamt nicht mehr am Menschen interessierten Apparates, der aber die Lücken moderner Gesellschaften zu schließen vorgibt. Nicht die Menschen sind das Problem, sondern das System westlicher Gesellschaften, die bereits börsennotierte Ketten von Hospizen hervorgebracht haben.[238] Doch was in den USA und deren Gesundheitsversorgung passiert, kann uns nur eine Warnung sein. Aus meiner Sicht haben wir die Chance, ein neues Konzept des Altenwohnens zu entwickeln, das die Individualität und die regionalen Prägungen von Menschen und ihren Orten des Wohnens für die Zukunft sichern kann. Wir werden nicht umhinkommen, das Zusammenspiel der Faktoren des Altenwohnens neu zu sichten und kritisch zu bewerten, um daraus im System unserer Gesellschaft selbst weiterführende Lösungen zu finden. Ein heikles Unterfangen, da es nicht einzelne Häuser, sondern das gesamte Gefüge betrifft.

Beim Blick auf die Wohnangebote für Alte lassen sich Konstanten benennen, die es wert sind, näher analysiert und bearbeitet zu werden. Mich interessieren Häuser und ihre Umgebung. Erfahrungen, die man bei den Besuchen macht, lenken meist von den architektonischen Voraussetzungen der Gebäude ab, zumal, wenn man sich unmittelbar auf die Menschen vor Ort einlässt, die mir allesamt mit ihren Geschichten und ihrer Gastfreundschaft begegnet sind. Das persönliche Gespräch wird nicht nur gesucht, es wird dem Besucher mit einer Dringlichkeit entgegengebracht, die wie ein Hilferuf wirken kann, wie im Falle jenes alten Schustermeisters aus Dresden, den ich an seinem 103. Geburtstag mit meinem Sohn Moritz in Berlin kennenlernen durfte. Seine jüngeren Mitbewohner, die erst um die 80 Jahre alt waren, aber bereits an Rollatoren gebückt durch die Gänge schlichen, hat der alte Schuster nur als *Opas* angesprochen. Offensichtlich, da diese nicht mehr wie der stolze Meister selbst fähig oder willens schienen, sich zu bewegen oder Blickkontakte anzubieten, um ins Gespräch zu kommen. Das Beispiel macht deutlich, dass der Begriff *Alter* nicht zwangsläufig den Verlust der Bewegungsfähigkeit beschreiben muss; zutreffender wäre die Bezeichnung *functional age*. Dabei wird Alter mit dem Grad der Fähigkeit zu koordinierten Bewegungen assoziiert und entsprechend beschrieben. Oder: „Jeder ist seines Glückes Schmied. Wenn du einen Rollator brauchst, dann bist du selbst schuld. Das heißt: Es hängt in hohem Maße von dir selbst ab, ob du in den unangenehmen Bereich des Vierten Lebensalters stolperst. Beweg dich, ernähr dich richtig, mach Gehirnjogging und das grauschimmelige Vierte Lebensalter wird dich nicht treffen."[239] Natürlich kommt es auf das Zusammenwirken der Stimulanzen an, die jung halten. Das sogenannte Gehirnjogging würde ich gerne durch die aktive Auseinandersetzung mit relevanten Themen, Gespräche sowie musische und künstlerische Angebote ersetzen, die gemeinschaftlich erlebt werden sollten und deren positive Wirkung bereits mehrfach nachgewiesen wurde.[240] Das Hauptinteresse aber gilt der Architektur.

Standort und Planung

Zentral ist dabei zunächst die Frage nach den planerischen Voraussetzungen, die sich durch den Standort und die Lage des Gebäudes ergeben. Dabei ist zwischen topografischen Voraussetzungen[241] und Angeboten der Infrastruktur[242] zu unterscheiden, die jeweils eigene Qualitäten[243] ausmachen. Die Geschichte, die bereits mit dem Standort des Gebäudes verbunden ist, hat immer auch einen symbolischen Charakter, den es zu beschreiben gilt; der Standort kann wichtige Rückschlüsse auf städtebauliche Entscheidungen ermöglichen. Standorte nämlich geben bei entsprechender Sichtung auch Auskunft über die Wertschätzung,[244] die der älteren Generation in der Zeit der Entstehung des Gebäudes entgegengebracht wurde und die dann meist bis heute fortgeschrieben wird. Wie zu erwarten, finden sich auf der Palette der Möglichkeiten sowohl sehr prominente und extrem repräsentative Standorte in hochkarätigen Lagen, gute Zentrumslagen, aber auch Standorte wie auf der Ostseeinsel Rügen in der Nähe von Müllplätzen. Ähnlich makaber ist es auch, wenn Hospize gegenüber von Friedhofsanlagen angesiedelt oder Beerdigungsinstitute neben der Einfahrt zur Notaufnahme von Krankenhäusern platziert werden. Freundlicher hingegen wird es, wenn die Sichtachsen von Gebäuden für ältere Menschen direkt auf Schulhöfe, Spielplätze und Kindergärten ausgerichtet sind. Unabhängig vom Standort der Wohnanlagen für ältere Menschen ist deren Anbindung an öffentliche Verkehrsnetze sowie die Einbindung in die vor Ort herrschenden Aktivitäten der wichtigste Faktor, da hiervon Anregungen für Ausflüge ausgehen, die den Bewegungsradius der Älteren beeinflussen können. Die Bewohner von Wohneinrichtungen mit Betreuung, Alten- und Pflegeheimen benötigen weitaus mehr als eine bezahlbare Unterkunft, damit ihr Leben im Alter lebenswert bleibt.[245] Ein geborgenes Wohnumfeld, die persönliche Einbindung und aktive Teilnahme bei der Gestaltung der Umgebung werden ebenso gewünscht wie die Möglichkeit, auch Angehörige bei sich empfangen zu können, um die vertrauten Rituale pflegen zu können.

Ein gelungenes Beispiel für den Umzug eines gesamten Pflegeheims habe ich vor meiner Haustür erlebt. Dabei steht dieses Beispiel für die derzeitige Entwicklung in Berlin-Charlottenburg insgesamt. Die stark anziehenden Bodenrichtwerte haben es ermöglicht, aus einer Premiumlage am See ein in die Jahre gekommenes sanierungsbedürftiges Objekt zu veräußern, um mit der gewonnenen Liquidität einen alternativen Standort zu entwickeln, der von der Lage zunächst weniger wertvoll, von seiner Belebtheit aber attraktiver ist. Die Chance für einen Neubau wurde genutzt. Die völlig überalterten Räume, die mit Zwei- bis Dreibettzimmern noch dem Altenwohnen der zweiten bis dritten Generation entsprachen, wurden in einem modernen Bau der vierten Generation überwiegend durch Einzelzimmer und vor allem gute Flächen für das gesellige Leben mit verschiedenen Bereichen im Innen- und Außenbereich ausgetauscht. Die von mir befragten Bewohner und das Personal haben über den Umzug übereinstimmend als eine geglückte Chance der Veränderung und Erleichterung der täglichen Abläufe berichtet. Zwar blicke man nicht mehr direkt auf den Lietzensee, aber die Stimmung im Haus sei nun deutlich besser als zuvor. Gleichzeitig erlebe ich täglich, dass hier mehr Menschen im Altencafé, in den Transitzonen zur S-Bahn und vor dem Haus auf der Bank verweilen und den Trubel offensichtlich mehr genießen, als dies am ersten Standort beobachtet werden konnte. Am alten Standort am See ist ein luxuriöser Neubau mit exklusiver Ausstattung entstanden.

Die Altenwohnanlage Elbschlossresidenz in Hamburg gehört bundesweit zu den ersten Adressen für Altenpflege und Wohnen mit Betreuung; der Name ist natürlich Programm und geeignet, Barrieren zu erzeugen. Das Haus bietet 190 Plätze an und ist von komfortablen Wohnungen mit zwei oder drei Zimmern mit Küche geprägt: eine Wohnanlage, die durch den Empfang in der Lobby an ein Fünf-Sterne-Hotel erinnert. Hier zählt offensichtlich die Geste des ersten Augenblickes, den sich die Bewohner und Gäste für sehr viel Geld erkauft haben. Neben individuell ausgestatteten Wohnungen, einer Speisekarte mit verschiedenen Tagesmenüs und Weinen beeindruckt das angebotene Unterhaltungsprogramm, das sich in seiner Vielgestaltigkeit mit urbanen Kultureinrichtungen messen lassen kann. Das Haus wirbt damit, die erste Wellnessanlage speziell für seine älteren Bewohner bereitzuhalten. Auch Reisen werden angeboten. Vielfalt, Exklusivität und Prestige stehen im Vordergrund, die durchgehende medizinische Versorgung bleibt fast unsichtbar. Aber die meisten der alleinstehenden Bewohner sind dennoch von der Gefahr der Vereinsamung nicht ausgenommen. An den Fenstern sehe ich Bewohner, die auf die Hamburger Werften an der Elbe blicken. Prominent, doch einsam. Auch die Überfülle der Serviceangebote lässt eigene Aktivitäten in den Hintergrund rücken. Kühlschränke und Vorratsschränke bleiben leer, Rezepte geraten in Vergessenheit. Nur wenige der Küchen werden genutzt. Ich erinnere mich an das Leben der Alten in Vals, Graubünden, die ich mit ihren Gemüsegärten und dem fast leer stehenden Haus, das für sie erstellt wurde, als positiven Kontrast empfinde. Niedrige Kosten bei hoher Wohnqualität sind mir erstrebenswerte Ziele eines Altenwohnens der sechsten Generation.

Auf der Suche nach idealen Bedingungen des Altenwohnens überzeugt mich bislang wenig, auch die vermeintlich exklusiven Einrichtungen weisen doch in ihrer Anlage eine gewisse Tendenz zur Ghettoisierung auf. Wahrscheinlich noch am besten sind die vom Nikodemus-Werk entwickelten Häuser,[246] die sich nicht nur durch das Jahr ihrer Entstehung, den baulichen Standard und die Lagen deutlich voneinander unterscheiden. Sie decken viele Teilbereiche ab: Eine sehr gute Ernährung in Verbindung mit der Verwendung hochwertiger, auf pflanzlicher Basis hergestellter Pflegeprodukte wird geboten. Anthroposophisch in der Weltanschauung und auch in Teilen der baulichen Ausführung, werden hier Bewohnergruppen mit einem bezahlbaren Betreuungskonzept versorgt, dessen spiritueller Kern schon fast in Vergessenheit geraten ist. Sicher war auch Rudolf Steiner von den theosophischen Lehren, die um 1910 kursierten, geprägt. Doch seine anthroposophischen Ideen sind glaubhaft und sollten aufgegriffen und zeitgemäß weiterentwickelt werden.[247] Steiner war kein Architekt, hatte aber gestalterische Ideen, die eine Nähe zu Hans Scharoun, Bruno und Max Taut sowie Mitgliedern der Gruppe der Gläsernen Kette aufweisen. Architektur wird hier wie auch bei Steiner zum Symbol und zum konkreten Gefäß eines Weltentwurfs, dessen Kern in der Kultur eines Gemeinwesens im urbanen Raum liegen sollte. Zentral bei Steiner ist die Idee eines Baukörpers, der, befreit vom Diktat des rechten Winkels, sich den Formen der Natur anzunähern sucht. Eine abstrakte Kuppelgestalt, die Einflüsse kubistischer Formen aufgreift. Das Foyer des von dem Architekten Wolfgang Schwarzmeier entworfenen Nikodemus-Hauses in Frankfurt präsentiert sich als eine mehrgeschossige, offene und freundliche Halle, die nicht zufällig an einen Kirchenraum erinnert. Daran anschließend gelangt der Besucher in einen Bereich des Hauses, der an eine Loggia erinnert, diesen klassischen architektonischen Raum: „Die Loggia pflegt man meist vor die vorderste oder die hintere Fassade des Hauses zu setzen. In die Mittelachse legt man nur eine Loggia oder aber je eine an die zwei Seiten eines Gebäudes. Die Loggien dienen vielerlei Zwecken, so zum Spazierengehen, zum Essen oder zu anderen Vergnügungen. Sie werden größer oder kleiner gemacht, je nach der Würde und dem Zweck des Gebäudes (…) haben alle wohl angelegten Gebäude in der Mitte und in ihrem schönsten Teil einige Räumlichkeiten, die mit allen anderen in Beziehung stehen."[248]

Der von einem leichten Rosenduft empfangene Besucher vergisst schnell die Besonderheit dieses speziell für Menschen mit kognitiven Einschränkungen entwickelten Hauses. Eine gute Klimatisierung absorbiert zudem auftretende Gerüche. Warme Farben, teilweise offenporige Holzflächen sowie ein warmes Licht schaffen eine Atmosphäre der Geborgenheit. Die Organisation in Wohngruppen entspricht familienähnlichen Strukturen, Zwischentüren erlauben eine flexible Grundrissgestaltung der Wohnungen. Ideal auch der Einsatz von Wärmebänken, die jene mediterrane Farbgebung des Hauses auch in seinem Inneren unterstreichen, Ocker- und Rottöne kontrastieren mit zarten, frühlingshaften Grüntönen. Katharina Klose bemerkt: „Der Bildhauer, Kunstpädagoge und Lebensraumgestalter Herbert Antweiler erhielt den Auftrag, für die vier Lebensgemeinschaften in Aja's Gartenhaus vier unterschiedliche Sitzlandschaften zu gestalten und entschied sich für eine beheizbare Version. Mit dem Ziel, eine wohltuende anregende Atmosphäre zu schaffen, die eine schwungvoll gerundete individuelle Charakteristik ausstrahlt."[249] Kritisch anzumerken bleibt, dass das Glasfasermaterial und die

Epoxidharze, die hier Verwendung fanden, durch andere Materialien hätten ersetzt werden müssen. Doch das Konzept des Gebäudes mit sehr gut belichteten Räumen und sensorisch ansprechendem Material, das aus der Region kommt, spricht eine klare, einladende Sprache.

Zentrum und Kreise

Altersbedingte Veränderungen lassen sich beeinflussen, wenn man die Voraussetzungen dafür schafft, dass Kontakte aufrecht erhalten werden und auch in späteren Jahren noch Gruppen entstehen können, die von gemeinsamen Interessen bestimmt sind. Erinnerungen an vergangene Erlebnisse, die geteilt werden können, sind wichtig, aber Ziele in der Zukunft, auf die hin es sich zu leben lohnt, scheinen unverzichtbar zu sein. Sie bestimmen nicht nur das tägliche Leben, sondern stimulieren auch den jahreszeitlichen Rhythmus und generieren positive Bilder. Ohne die Einbindung ins tägliche Leben und die Überantwortung täglicher Aufgaben, deren Bewältigung als eine Leistung gewürdigt wird, die wiederum das Selbstwertgefühl stärkt, vereinsamen ältere Menschen. Es gilt also Bedingungen und Strukturen anzubieten, die eine familienähnliche Integration ermöglichen. Wahrscheinlich ist hier das von Gronemeyer geforderte Umdenken notwendig: „Wir brauchen vor allem eine Neuerfindung dieser Gesellschaft. Denn der Zerfall der Familie, der Zerfall der Nachbarschaft, die Förderung einer Architektur, die nie gekannte Einsamkeit erzeugt, all das macht Demenz zu dem schweren Schicksal, das es ist."[250]

Peripherie als Chance

Es ist ein Irrtum zu glauben, dass das Phänomen der Einsamkeit im Alter unmittelbar vom wohnlichen Umfeld abhängig sei, das sich pauschal in städtische und ländliche Umgebungen unterteilen lässt. Eine ideale und einheitliche Wohnform für alle alten Menschen kann es nicht geben, denn im Alter ist das Wohnen genauso von individuellen Wünschen bestimmt wie in den Jahren zuvor. Doch eines ist klar: Die beste Voraussetzung für eine ausgeglichene und stimulierende Wohnform ist die Durchmischung verschiedener Altersgruppen, in welcher Form auch immer. Ausschlüsse und Gruppenbildungen, die auf eine Vereinseitigung abzielen, sind aus wirtschaftlichen Erwägungen vielleicht begründbar, bieten aber kaum die versprochene Lebensqualität. Die meisten Häuser, die solche Exklusionen zum Programm haben, generieren zwar Bilder, die sich leicht als Lösung kommunizieren lassen, ihre Motive bleiben aber zweifelhaft. „Die Versorgung von Menschen mit Demenz lebt genauso aus dieser gleichen Illusion. Der Illusion, die Welt, in der sie leben, könnte soweit verbessert werden, so komfortabel gemacht werden, dass sie das Fehlen des echten Lebens vergessen macht. Hogewey, jenes holländische Demenzdorf, in dem das Leben vollständig simuliert wird,

vollendet einerseits die Tendenzen, denen wir alle ausgeliefert sind, nämlich die Tendenz zum Scheinleben, vollendet andererseits aber auch ein Projekt, das Versorgungsperfektion mit endgültiger Ausklammerung des wirklichen Lebens verbindet. Es ist fünf vor zwölf."[251] Mit dem praktizierten Ausschluss vergeben wir als Gesellschaft die Chance einer Teilhabe und bereiten die nächsten Schritte in die falsche Richtung vor.

Politisches Verständnis

Es gibt keine einfachen Lösungen. Vielmehr offenbart sich in den bislang angebotenen Formen des Altenwohnens der Zustand einer Gesellschaft, die den Gemeinsinn zu vergessen haben scheint. „Ein Ausweg aus dem Demenzdilemma muss künftig eher in der Konstruktion einer gastfreundlichen Lebenswelt als in der Perfektionierung spezialisierter Versorgung gesucht werden."[252] Wie auch immer man bereit ist, den Begriff der Gastfreundschaft zu interpretieren, so klar ist doch die Botschaft, dass wir es sind, die gefordert sind, etwas am gegenwärtigen Zustand des Altenwohnens zu verändern, da es doch um deutlich mehr geht als um die Definition eines neutralen Ortes.

Ausblick auf eine Architektur der Zukunft

Das Verhältnis von Mensch zu Raum im Altenwohnen wird selten kritisch behandelt. Auch beschäftigt sich der Diskurs in der Architekturtheorie bislang kaum mit dem Aufzeigen, Planen und Umsetzen vitaler Bedürfnisse der alten Menschen.[253] Betrachtet man die Genese des Altenwohnens im 20. Jahrhundert in seiner Herkunft aus dem Spitalwesen, den Aufbewahrungsanstalten und Wohnformen zur systematischen Selektion von Personen und die damit verbundenen Ausgrenzungen, so zeigt sich, dass wertvolle Alternativen, die aus dem klösterlichen Leben stammen und teilweise in anthroposophischen Lebensentwürfen[254] überdauern konnten, in Vergessenheit geraten sind. Auch das fast utopische Modell eines Mehrgenerationenhauses kann keine Alternative bieten, die der Struktur von Familien in den Städten entspricht. Im Fachdiskurs müssen die Anforderungen an das Altenwohnen aus der Sicht der Bewohner neu gedacht werden: Funktionieren tägliche Abläufe? Fühlen sich Menschen noch geborgen? Welche Bilder vermitteln uns die Alten und was möchten sie, dass wir von ihnen denken? Finden noch Begegnungen statt, die in der Vergangenheit eine Bedeutung hatten? Kommen alte Bekannte und Freunde zu Besuch in ein Altenwohnheim? Ist das Wohnen integriert in die Öffentlichkeit? Findet der alte Mensch noch sein inneres

Gleichgewicht, das als Zentrum der Person erachtet wird, wie dies als Ziel der anthroposophischen Bewegung proklamiert wird?[255]

Eine institutionskritische Sicht auf das Altenwohnen kann helfen, den Blick zu schärfen: Lassen die Häuser noch Räume der Bewegung und Freiheit zu oder ähneln sie in manchen Bereichen bereits Orten eines offenen Strafvollzugs (Foucault), der sich durch moderne Formen der Peinigung, als Züchtigung des alten Körpers, beschreiben lässt?[256] Meiden die Alten nicht gerade deshalb Besuche in diesen Häusern, um das mögliche Szenario ihrer eigenen Zukunft mental zu verdrängen? Ein kurzer Blick in die Peripherie einer Historie des Altenwohnens soll deutlich machen, welche Erfahrungen mit dem System medizinischer Versorgung gemacht wurden, an dessen Ende die letzten Häuser warten. Es ist naheliegend, die Entwicklung des Altenwohnens mit der im 18. Jahrhundert einsetzenden medizinischen Versorgung der Bevölkerung zu fassen. Damit verbunden sind Institutionen, die Maßnahmen der Selektion bedingen. Der Wandel beginnt im Bild der

Familie. Zunächst kann dieses als neu definiertes Verhältnis zwischen Eltern und Kindern aufgefasst werden, das die Gesundheit der Kinder vorrangig behandelt. Foucault: „Das neue Eheverhältnis vereint Eltern und Kinder. Die Familie – ein enger und lokalisierter Bildungsapparat – wird innerhalb des großen und traditionellen Familienverbandes zu einer festen Größe. (…) Und seit jener Epoche ist die Familie zum verlässlichen Agenten der Medizinisierung geworden. Seit der zweiten Hälfte des 18. Jahrhunderts wurde sie zur Zielscheibe eines großen Unternehmens der medizinischen Akkumulation."[257] Aus Sicht Foucaults ermächtigt sich der Staat seiner Individuen und entzieht mit autoritärer Kraft in vielen Bereichen dem Menschen die Kontrolle über sich selbst. Sein Körper wird regelrecht vereinnahmt. Die Rolle, die dem Arzt im System zukommt, macht ihn zum Teilhaber, Nutznießer und teilweise sogar zur Exekutive eines Gesundheitswesens, dem sich in Europa nun keiner mehr entziehen kann. Dem Recht auf gesundheitliche Versorgung steht der Zwang zur Einbindung in ein Gesundheitssystem gegenüber. Der Arzt und die Verfahren der Diagnose erreichen im Patientengespräch schicksalhaften Duktus. Ein ganzes Heer von Ärzten, eine Versorgungsindustrie und die Pharmafirmen werden zu Ratgebern, Beratern und vermeintlichen Vertrauten eines guten und gesunden Lebens, ihre Stellung in der Gesellschaft wächst in dem Maße, in dem die Anzahl der Alten in der Gesellschaft zunimmt.[258] Besonders aktuell stehen daher Diagnosen zu kognitiven Kompetenzen im medialen Fokus. „Das Recht des Menschen, seinen Körper bei guter Gesundheit zu erhalten, wird so zum Gegenstand staatlichen Handelns. Infolgedessen kehrt sich die Formulierung des Problems um: An die Stelle des Konzepts eines Individuums, das bei guter Gesundheit ist und dem Staat dient, tritt das Konzept eines Staates, der dem Individuum in seiner Gesundheit dient."[259] Doch mit der Selektion bestimmter Gruppen verstärken sich auch Probleme, die unmittelbar durch Stadtplanung und Architektur bedingt sind. Raumverhältnisse ändern sich. Besonders dramatisch ist es im Akutkrankenhaus, wo es den Menschen meist nach dem Aufenthalt deutlich schlechter geht als zuvor. „Als Bruchstück eines in sich geschlossenen Raumes, als Ort einer Internierung von Menschen und Krankheiten [so erscheinen die Häuser], als feierliche, aber ungeeignete Architektur, die das Übel im Inneren vereinfachen."[260] Auch aus Gründen der Abwehr von Seuchen wurden Krankenhäuser ursprünglich an die Ränder der Städte verbannt und so in den Städten das Bild eines gesunden Gemeinwesens erzeugt; im späten 19. Jahrhundert erreichte das Wachstum der Städte dann die Peripherie und die Orte der Krankenhäuser und Verwahranstalten. Manche dieser Häuser bestehen noch heute. Die Gestaltung mancher Häuser mit sozialen und medizinischen Aufgaben ist stark verbesserungsfähig. Da sie ein Teil eines etablierten Systems sind, haben sie sich der Kritik zu stellen.

Auch ich empfinde viele Häuser als dramatisch schlechte Einrichtungen, die unter Maßgabe einer harten funktionalistischen Architektur eher als verzweifelte Durchgangsstationen und letzte Ort im Leben erscheinen. Die Alten, die dann doch einziehen, geben sich geschlagen und geben oft vor, den Jungen nicht zur Last fallen zu wollen, die ihrerseits unglücklich über die Ausweglosigkeit der Situation sind. Es fehlt an positiven Bildern. Im Unterschied dazu habe ich manche Hospize kennengelernt, deren architektonische Qualität und pflegerische Versorgung so ausgezeichnet war – wie

etwa das Hospiz Am Hohen Tore in Braunschweig, Broitzemer Straße –,
dass manche Menschen, die in das Haus zum Sterben kamen, nach Wo-
chen wieder entlassen werden konnten.[261] Warum also nicht solche Häuser
zum Vorbild guter Architektur machen, diese als Orte des Wohnens aufgreifen und weiterentwickeln? Mein Interesse gilt nicht nur den Raumplänen
und sensorischen Attraktionen, sondern auch Details. Wie etwa mit persönlichen Dingen und gewohnten täglichen Handlungen, die über Jahrzehnte
Bestandteil des Lebens waren, nun im Alter in der neuen Umgebung umge-
gangen wird? Werden Bewohner noch als mündige Bürger und präsenter
Teil der Gesellschaft behandelt oder werden sie abgeschoben, ausgestoßen
und ihr Leben vorsätzlich aus der Sichtbarkeit gesellschaftlicher Öffentlichkeit genommen?

Rettungsanker

Würde man den Aspekt der Heimatlosigkeit im Altenwohnen öffentlich machen, so würde man eine Diskussion entfachen, ähnlich jener, wie sie
in den 1950er Jahren in Darmstadt geführt wurde, als der Begriff der Heimat
in Verbindung mit Wohnen als Chance für eine Architektur der Zukunft erörtert

wurde.[262] Heute hingegen werden die letzten Dinge, die den Alten bleiben und die Erinnerungen an das Leben der Vergangenheit bieten, als Zitate behandelt. Diese Momente der Erinnerung gilt es in den Mittelpunkt zu stellen, zumal es Dinge von starker symbolischer Bedeutung sind,[263] wie die letzten Möbel, die die Alten wie Schätze aus der Vergangenheit zu retten vermochten und deren Überdauern verteidigt wird.[264] Die Erinnerung an Räume mit ihren Möbeln bildet den Rahmen vieler Erzählungen. Zitierte Bilder der Erinnerung werden zu regelrechten Rettungsankern, die sich im Kosmos einer zunehmend kleiner werdenden Welt zum Fundament der Selbstgewissheit vergrößern. Das reduzierte und oft traurige Wohnen der Alten erinnert mich an den Überlebenskampf von Schiffbrüchigen. Klammern und Festhalten an den letzten Planken, um ja nicht unterzugehen. Kälte ist der nächste Feind.[265] Einsamkeit und Depressionen sind oft die Folge. Denn mit dem Verlust der Erinnerungsstücke geht mehr verloren als nur ein paar persönliche Objekte. Es geht um die Absicherung des persönlichen Umfelds. Private Atmosphäre aber wird im Altenwohnen systematisch infrage gestellt, ausgeschlossen und die verbleibenden Reste werden meist zerstört. Ein Sessel, ein Schrank, eine Lampe sind oft die letzten Dinge, die bleiben. Ich erinnere mich an die Ansammlung von Klavieren im Eilenriede-Stift in Hannover, die meine Großmutter, die zuvor noch täglich in Dornheim spielte, um ein weiteres Instrument, ein Schimmel-Klavier, ergänzte. Gespielt wurde es nach dem Einzug nicht mehr, der Raum lag im Souterrain und hatte durch die harten Wände und den Teppichboden leider eine schlechte Akustik, gutes Licht war ebenfalls nicht vorhanden. Heute würde ich versuchen einzugreifen, doch es ist zu spät. Das schöne Instrument mitzunehmen hatte hohen symbolischen Charakter: Meine Großmutter zog in das Haus mit ihrer Kultur ein. Danach aber wurde das Instrument vergessen, wie so vieles. Ein Einzelfall? Nein! Warum tun wir uns und unseren Angehörigen das an, als eine Gesellschaft, die wie kaum eine andere doch im materiellen Wohlstand lebt? Warum dürfen alte Menschen in unserer Gesellschaft nicht in ihrer Umgebung oder vertrauten Heimat verbleiben, warum werden sie in Transitzonen verbannt? Verantwortlich dafür ist das Zusammenwirken von verschiedenen institutionellen Bereichen, die

jene Entwicklung des Altenwohnens in der Moderne bestimmt haben. Hauptursache ist sicher der Wandel der Lebenswelten und die Anpassung des Gesundheitssystems, die hier nicht behandelt werden können. Wer das Wort von der Würde des Wohnens im Alter führt, nimmt sich einiges vor. Mit dem Wort Würde sind mindestens die komplexen Anforderungen zu reflektieren, die auf pflegerischer Seite eingebracht werden und diese im Zusammenhang mit den unzureichenden baulichen Voraussetzungen zu beurteilen, die jede Pflege stark belasten.[266] Doch am meisten fehlt es im Alter an Kontakten. Die Vereinsamung fördert zusätzlich den Rückgang kognitiver Fähigkeiten und endet oft in einem fatalen Kreislauf, der Depression. Der Mensch hat seine Mitte verloren, sein inneres Gleichgewicht. Wenn alte Menschen frieren, reicht es nicht, die Temperatur im Raum zu erhöhen. Kälteempfinden und mangelnde Bewegung bedingen sich.

Es werden dringend Häuser mit neuen Qualitäten gebraucht, die auf die besonderen Bedürfnisse des Personals und deren tägliche hohe Leistungen abgestimmt sind. Dass der Wechsel in eine neue Wohnumgebung von 90 Prozent aller Befragten mit zunehmendem Alter bis zum Schluss oft vehement verweigert wird, muss als Indikator ernst genommen werden. Angebote zum Wechsel sollten daher mit deutlichen Attraktionen versehen werden, die dann auch auf einen breiten Zuspruch stoßen werden. Die Qualität guter Häuser spricht sich herum und sollte keinesfalls ein Privileg für finanziell Bessergestellte sein. Übergänge des Wohnens müssen in der Öffentlichkeit und im Privaten moderiert werden. Und dabei gilt es, zurückzukommen zu den Bildern und sensorischen Atmosphären der Kindheit. „Die Kindheit ist gewiss größer als die Wirklichkeit. Durch alle Lebensalter hindurch unsere Anhänglichkeit an das Elternhaus erfahrbar zu machen, dazu ist der Traum fähiger als das Denken."[267] Daher gilt es, die Voraussetzungen gesunden Schlafes im Alter zu kennen, zumal er für das seelische Wohlergehen notwendig ist. Bachelard: „Über alle realen Geborgenheitswerte hinaus entstehen also im Elternhaus die Werte des Traumes, die letzten Werte, die bleiben, wenn das Haus nicht mehr ist."[268] Auch von der anthroposophischen Bewegung wird die Bedeutung des gesunden Schlafes als Fundament des Lebens betont. Ein gesunder Körper braucht den Schlaf, um sich zu regenerieren und auch Erlebnisse zu verarbeiten. „Ein Mensch, der nicht entsprechend schläft, lässt seine Seele an dem Leibe nicht die notwendige Verbesserungsarbeit tun."[269] Was Steiner als Zentrum des Leibes, der sich im Schlaf erholt, bezeichnet, ist die Mitte des Menschen, die von Bachelard im Bild des Wohnens beschrieben wird. Heimat entsteht dort, wo die Erinnerung ihr emotionales Zentrum findet. So verstehe ich auch den zum Standard ausgebildeten Rückgriff auf Bilder der Kindheit, die als das vermeintlich anschauliche Muster funktionieren, das aber nach seiner Benennung von der Fachwelt im Hinblick auf das Wohnen untersucht wird.[270] Eine glückliche Kindheit wird fast stereotyp mit

behütetem Wohnen assoziiert; die Literatur generiert, festigt und tradiert damit Bilder, die auf die eigene Biografie übertragen werden, wenn das Lesen literarischer Texte als aktive Handlung und Interaktion verstanden wird. Tauchen in der Literatur nun Schilderungen der Kindheit und frühen Jugend auf, so werden diese in Räume gestellt. Dabei lässt die Metaphorik behüteten Wohnens das Haus als Kosmos sinnlichen Erlebens erscheinen, in dem sich

verschiedene Phasen des Lebens sensorisch spiegeln. Häuser werden zu Erinnerungssystemen. Erfahrungen, die mit kognitiven Prozessen verbunden sind, schreiben sich ein. Systeme der Erinnerung reflektieren immer Momente der Geborgenheit, die Räume brauchen. „Die innige Verbindung von Mensch und Haus zeigt sich aber nicht nur darin, dass der Mensch seinem Wohnraum den Charakter seines eigenen Wesens aufzuprägen vermag und umgekehrt jenes auf ihn zurückwirkt, sondern ebenso sehr darin, wie er in seinem Wesen durch den Umraum bestimmt wird, und sein Wesen sich wandelt je nach der Natur seines Umraums."[271] Damit verbunden ist eine Stufenfolge, die als Grundlage des Wohnens vom Ei über das Nest, von der Hütte zum Haus und innerhalb des Hauses die Mittelpunkte des Lebens mit Tisch, Bett und Herd ausweist. Naheliegend daher, dass das Haus noch regelmäßig als Ursprung des Lebens, als *Mütterlichkeit* beschrieben wird. „In dieser Umgebung leben die schützenden Wesen, (…) die Mütterlichkeit des Hauses."[272] In Anschluss an Heidegger formuliert Bollnow nun Ziele des Wohnens in beschwörender Metaphorik: „Es gilt das naive Vertrauen zum Raum, das kindliche Geborgensein, das sich dann im späteren Leben als natürliches oder gedankenloses Geborgensein in Haus und Heimat fortsetzen kann. Der Mensch ist hier mit seinem Raum verschmolzen, in einer unmittelbaren Weise inkarniert."[273] Gelingt dies, ist er geborgen, verfehlt der Raum seinen Zweck, bleibt der Mensch heimatlos. „Der Raum offenbart sich hier in seiner Unheimlichkeit und Fremdheit. Der Mensch findet sich verloren im Raum."[274] Das Haus wird entweder als Heimat oder als Transitzone erfahren. Zur Heimat werden Räume nur dann, wenn sie dem Körper Schutz, Geborgenheit in Verbindung mit sensorischen Attraktionen bieten. Räume werden immer erst körperlich erlebt, bevor sie in Worten und Begriffen beschrieben werden. Empfinden kommt vor dem Sprechen. Körper reflektieren Räume und wirken auf diese zurück. Fehlen sensorische Appelle, so werden Körper[275] und Seele lebensnotwendige Stimulanzen entzogen, die Krankheiten zur Folge haben. Diese Sorge um ein Spektrum stimulierender Angebote wurde bislang kaum mit Volumen, Material, Oberflächen und Raumfolgen in Verbindung gebracht.[276] Pharmazeutische Produkte wirken an den Symptomen, nicht an den Ursachen, die als sensorische Mangelerscheinungen[277] beschreibbar sind.

Topo-Analyse

Um sich praktisch ein Bild von den Voraussetzungen geborgenen Wohnens zu machen, hat Bachelard eine Beschreibung entwickelt, die er *Topo-Analyse* nennt, und die, wie das Wort bereits andeutet, sensuelle Erlebnisse aufnimmt, die Orte der Kindheit auszeichnen. „War das Zimmer groß? War der Speicher überfüllt? Was der Winkel heiß? Und woher kam das Licht? Wie verhielt sich in diesen Räumen das menschliche Wesen zur Stille? Wie schmeckten ihm diese verschiedenen, so besonders gearteten Formen der Stille in den verschiedenen Schlupfwinkeln der einsamen Träumerei?"[278] Bachelard stellt den Körper des Menschen als einen Erfahrungsraum in den Kontext der Architektur und vollzieht eine Weichenstellung, die einen Weg aus den Zwängen des funktionalistischen Bauens aufzeigen kann. Hieran knüpft auch Bollnow an und fordert, sich dem Wohnen als einem Vorgang des Lebens zu widmen. Er bezieht sich dabei auf eine Poetik des Wohnens, die lediglich den Gegensatz zwischen Geborgensein und Fremde, zwischen Rast und Flucht polarisiert. Heimat also ist der Ort, der sich in Räumen ereignet, die von Bildern der Kindheit und meistens der mütterlichen Liebe handeln. In einer Traditionslinie, die von Steiner über Heidegger, Lévinas, Merleau-Ponty, Bachelard bis zu Bollnow reicht, lassen sich nun auch Äußerungen von Architekten-Philosophen wie Philippe Rahm und Peter Zumthor verstehen, die Aspekte der Materialität und ihrer sensorischen Qualitäten in das Zentrum ihres Schaffens stellen und die Wirkungen der Architektur aus Bezügen zur Musik erklären. Räume gleichen Instrumenten. Räume klingen, nehmen Aromen auf und erzeugen eine Atmosphäre. Raumqualitäten als sensorische Eigenschaften von Hülle und Volumen nähern sich kosmologischen Dimensionen an, die in der Metaphorik „vom Klang in allen Dingen" anthroposophisch aufgefasst wurden.[279]

Raumerfahrungen sind genuine Körpererfahrung, die geeignet ist, kognitive Prozesse anzuregen, welche sich wiederum als Muster der Bewegung in die Erinnerung einschreiben. Wird der Körper zur Bewältigung vieler motorischer Handlungen aufgefordert, so erfüllt Architektur ihren Zweck, nämlich den kindlichen Bewegungsdrang mit Geborgenheit und sensorischen Erlebnissen zu verbinden. Treppen, Stufen, Handläufe und Haltegriffe als bewegungsfördernde Elemente sind also als lebensnotwendige Angebote

zu verstehen, die nachweislich verschiedene Areale des Gehirns fordern und deren Bewältigung als positives Erlebnis erinnert wird. Bewegung im Gebäude wird als Erfolg erinnert.

Navigieren

Alvin Lucier, der Neuromusiker, hat in seiner Komposition *navigation for strings* den Prozess des Suchens und Findens als Grundlage musikalischer Erfahrung untersucht. Wie in der Kunst gilt es auch im Leben, Wege zu finden und Strecken zurückzulegen. Sicheres Navigieren in einer neuen Umgebung stellt nicht nur Menschen mit kognitiven Einschränkungen vor ähnliche Herausforderungen wie das die Orientierung in unbekannten Städten und Straßen; immer müssen damit positive Erinnerungen verbunden werden können. „Als Demenz-Prävention am erfolgreichsten wirken anspruchsvolle geistige, soziale und körperliche Aktivitäten (…), Selbstbeeinflussung ist wirksamer als äußere Anregungen."[280] Sie kennen sicher die Geschichte der extrem anspruchsvollen Prüfung, die angehende Londoner Taxifahrer zu bestehen haben: Das Straßennetz, das sie sich einprägen und das sie jederzeit abrufen können müssen, ist so umfangreich, dass sich dies sogar in der neuronalen Plastizität der entsprechenden Areale im Gehirn mit bildgebenden Verfahren zeigen lässt. Nicht als Kinder, sondern als Erwachsene lernen die Taxifahrer anspruchsvolle Kartensysteme, nicht nur Straßenverläufe, sondern sie müssen in der Lage sein, markante Punkte in kürzester Zeit abzurufen, um die jeweils aktuellste und beste Strecke nehmen zu können. Diese Fähigkeit schreibt sich durch das Orientierungstraining in das Gedächtnis ein, der Hippocampus, also jener Teil des Gehirns, der für Orientierung zuständig ist, wächst sogar noch mit den Berufsjahren.[281] Neuronale Aktivitäten und motorische Fähigkeiten – ob mit den Füßen oder den

Händen vollzogen – sind als kognitive Leistungen miteinander verknüpft und lassen sich auf unterschiedlichen Ebenen darstellen, da jedes Gehirn individuelle Ausprägungen zeigt, die dessen biografische Spuren spiegeln.[282] Tätigkeiten bedingen näherungsweise Muster, die durch bildgebende Verfahren sogar Parallelen in Abläufen nahelegen. Das im öffentlichen Bewusstsein verbreitete Bild älterer Menschen, das sich durch kognitive Einschränkungen auszeichnet, wird derzeit aus der Perspektive neurobiologischer Forschung korrigiert. Im Unterschied zu Einschätzungen, die noch vor zehn Jahren kursierten, kann heute belegt werden, dass in allen Lebenszyklen kognitive Spitzenleistungen erbracht werden können. Voraussetzung dafür sind immer stimulierende Einflüsse der Umgebung, die zur Ausbildung von Plastizität erforderlich sind. So liegt ein Bericht vor, demzufolge unser Gehirn in der Lage ist, sämtliche der 6000 auf der Welt gesprochenen Sprachen zu lernen. „Gute Voraussetzungen für Erhaltung und Nutzung des Stirnhirns (Frontalkortex) schafft die Aktivierung des limbischen Systems, das für emotionale Prozesse zuständig ist.“[283] Doch immer kommt es auf die Bereitschaft an, sich neuen Herausforderungen zu stellen. Verschiedene Studien belegen, dass Menschen danach streben, positive emotionale Erlebnisse zu wiederholen, sodass diese als kognitive Bereitschaft gespeichert werden. Hinsichtlich der Komplexität neuronaler Prozesse werden das Hören von Musik sowie das aktive Musizieren angeführt. Musik ist offensichtlich in der Lage, viele Regionen in unserem Körper gleichzeitig zu stimulieren. Daher liegt es nahe, aus der Kenntnis der neuronalen Wirkung von Musik auch jene Stimulanzen abzuleiten, die in ähnlicher Form wirksam werden. Architektur wird seit Jahren als ein Möglichkeitsraum multisensorischer Stimulanzen erfahren, deren Dramaturgie sich in sensorischen Appellen und Raumfolgen zeigt.

Bewegung und Neuroplastizität

Unser Gehirn kann zu weiten Teilen über die Aktivitäten Rückschlüsse bieten, die unser Leben bislang bestimmt haben. Nicht nur, aber besonders auf dem Feld der Musik gilt: „Das musikalische Gehirn ist ein Abbild der musikalischen Biografie.“[284] Das Maß an Interaktion lässt Rückschlüsse auf die kommunikativen Kompetenzen zu, deren Wirkung unbedingt positiv bewertet wird. Wenn der Grad sozialer Aktivität etwas über die „Leistungsfähigkeit in der Zukunft aussagen kann“,[285] so können auch komplexe Spielsysteme herangezogen werden. Unübertroffen aber scheinen musikalische Aktivitäten zu stimulieren. „Musik zu hören, sich zu Musik zu synchronisieren und Musik zu machen, gehört zu den kompliziertesten menschlichen Leistungen (…), vielleicht sind es sogar die einzigen Aktivitäten, bei denen das gesamte Gehirn beteiligt ist.“[286] Ähnlich wie bei den Londoner Taxifahrern zeigt sich: „Mitte der 80er Jahre konnten wir als Erste die unterschiedliche Hirnaktivität bei Musikhören von Berufsmusikern und von musikalischen Laien zeigen.

Musiker aktivieren beim konzentrierten Hören von Musik überwiegend den linken Schläfenlappen, Laien den Rechten. Noch nicht geklärt ist die Frage, ob unser Gehirn durch musikalisches Lernen umstrukturiert wird oder ob nur diejenigen, die Musiker werden, es sind, die mit der linken Hirnhälfte hören? Das wussten wir damals nicht, aber heute wissen wir, dass sich das Gehirn durch Musizieren verändert. Die Anpassung an Spezialaufgaben wird Neuroplastizität genannt und entsteht, wenn wir von früher Kindheit an lang, intensiv und freudig etwas tun, das genaue Wahrnehmung und präzise motorische Handlungen erfordert."[287] Und dies zeigt erneut, dass die Prägung der Erinnerung nur durch positive Effekte in den bildgebenden Bereichen nachweisbar ist. Je häufiger also eine komplexe Tätigkeit vollzogen wird, desto tiefer prägen wir uns diese ein. Dabei werden neben dem primären Erleben kognitiv-motorischer Kompetenzen, die im Falle einer musikalischen Darbietung mit vorhergehenden Aufführungen exakt verglichen werden können, benachbarte Areale aktiviert, da diese, gewissermaßen aus der Nachbarschaft, jene Prozesse beobachten und dann wohl in der Lage sind, bei Abweichungen einzuspringen.[288] Die bei professionellen Musikern deutlich ausgebildeten Fähigkeiten erklären sich aus der hohen Anzahl von Stunden der Lebenszeit, die investiert wird. Während ein durchschnittlich aktiver Amateurmusiker im Laufe seines Lebens zwischen 2000 bis 10.000 Stunden am Instrument verbringt, kommen Profimusiker auf zwischen 50.000 und 60.000 Stunden in ihrem Leben. Daher ist es naheliegend, dass diese Personengruppe für die Erforschung neuronaler Plastizität ideale Voraussetzungen bietet. „Die neurowissenschaftliche Musikforschung hat auch wesentlich dazu beigetragen, die Gesetzmäßigkeiten der Plastizität zu ergründen. So ist es überraschend, dass die neuroplastischen Veränderungen vor allem bei Musikern sichtbar werden, die eher später, das heißt nach dem Alter von sieben Jahren mit dem Instrument begonnen haben. Die sehr früh musizierenden Kinder optimieren ihre Netzwerke so gut, dass sie keine größeren Nervenzellen mehr benötigen, ihre motorischen und auditiven Zentren bleiben gleich groß."[289] Im Detail zeigte sich, dass sowohl die Ortung im Gehirn als auch die Stärke der Areale Veränderungen aufweisen. „So konnte zum Beispiel mit neuen Techniken der Nervenfaserdarstellung gezeigt werden, dass nicht nur die Verbindung zwischen beiden Hirnhälften, die Balken, bei diesen Kindern verstärkt ist, sondern auch innerhalb der rechten und linken Hirnhälfte sich die Verbindungen zwischen den planenden Stirnregionen und der Hörregion viel stärker ausbilden. Das verweist auf die besonders wichtige Rolle der vorausschauenden Planung und Erwartung beim Musikhören und Musizieren. Erwachsene Musiker haben nicht nur größere motorische und auditive Zentren, sondern auch die Sprachregionen sind dichter mit Nervenzellen bepackt. Das zeigt uns die Sprachähnlichkeit der Musik – oder vielleicht besser – die Musikähnlichkeit der Sprache. Und dann haben wir den Transfer: Musikunterricht fördert Sprachverständnis und Wortgedächtnis bei Kindern und unterstützt Kinder mit Sprachentwicklungsstörungen."[290] Für die Entwicklung, Förderung und auch Reaktivierung sprachbasierter Vorgänge ist Musik in jeder Form der Auseinandersetzung, ob hörend, singend, am Instrument spielend oder sogar in der Gruppe, das ideale und wohl auch einzige Medium, mit dem Menschen und deren kognitive Kompetenzen angesprochen werden. Dabei ist es aus neuropsychologischer Sicht so, dass Aktivitäten beim Hören von Musik durch bildgebende Verfahren in verschiedenen Hirnregionen sichtbar werden. Während bei Menschen konstante Aktivitätsmuster ausgebildet werden, steht die Forschung bei der Sangeskraft männlicher Kanarienvögel noch vor einem Rätsel. Es wurde Mitte der 1980er Jahre festgestellt, dass diese ihr Gesangsrepertoire von Jahr zu Jahr verändern. Auf der Suche nach einer Erklärung fand man heraus, dass sich nach der Paarungszeit die Gesangs-zentren veränderten und im Frühjahr, bedingt durch ein starkes Wachstum neuer Hirnzellen, die neuronalen Reste der vergangenen Gesänge in den Hin-tergrund traten. Die Komplexität des Gesangs der Vögel, der bei den Staren bis zu dreistimmig intoniert werden kann, ist eine Spitzenleistung, zu der der Mensch nicht fähig ist.

Es kann davon ausgegangen werden, dass an erster Stelle Bewe-gung die Voraussetzung neuronaler Aktivität ist, die sich durch langfristiges Training als neuronale Plastizität verfestigt. Damit müsste, um das Beispiel noch einmal aufzugreifen, das Erlernen des Stadtplans von London ähnli-che Konditionierungen erzeugen wie die Aufführung oder das Hören einer komplexen musikalischen Komposition. Was für die Musik gilt, kann, grob vereinfacht, auch auf Bewegungen in der Architektur übertragen werden. Komplexe Bewegungen fördern neuroplastische Aktivitäten: „Von einer bis zu dreien oder vieren bewegen sich die Treppen. (…) Die Treppe, die zum Keller führt, steigt man immer hinab. Ihr Hinabführen behält man in der Erinnerung, der Abstieg kennzeichnet ihren Traumwert. (…) Schließlich die steile, stren-ge Treppe zum Dachboden steigt man immer aufwärts. Sie steht unter dem Zeichen des Aufstiegs zur stillen Einsamkeit. Wenn ich träumend in die Dach-böden längst vergangener Zeiten zurückkehre, steige ich niemals herab."[291] Höhenunterschiede innerhalb eines Hauses werden durch das Treppenhaus erlebt, das in der Erinnerung zu einer Landschaft zwischen Berg und Tal wird. Werden aber die Stockwerke nur durch technische Hilfen erreicht, dann mu-tiert der Erlebnisraum des Hauses zur Maschine, technische Verfahren ver-hindern körperliche Herausforderungen.

Körperliches Erleben akustischer Ereignisse

Dem gemeinschaftsbildenden Charakter von Konzerten stehen in-dividuelle Erlebnisse gegenüber, die aber durch den Austausch ästhetischer Erfahrungen erweitert werden, welche zur Bildung neuronaler Netzwerke anregen. Musik ist das Ergebnis komplexer Bewegungsvorgänge und teilt sich in Schwankungen des Luftdrucks mit, deren Wirkung sich nur in Räumen entfalten kann. „Musik ist auch ein wunderbarer Gegenstand, um positive Emotionen zu erforschen. (…) Klavierspielen erleichtert die Rehabilitation von feinmotorischen Einbußen nach einem Schlaganfall, da sich die Verbindungen zwischen den Hör- und Fingerregionen nutzen lassen, um die Kontrolle der Feinmotorik zu erleichtern. Singen kann ein Weg sein, die Folgen der Aphasie zu lindern. Hier vermuten wir, dass in der frühen Kindheit inaktivierte sprachkompetente Netzwerke auf der rechten (nichtdominanten) Hirnhälfte durch das Singen wieder angesprochen werden und Sprachfunktionen übernehmen. (…) Es gäbe noch viele weitere Anwendungen der neurologischen Musiktherapie zu erwähnen, zum Beispiel die Unterstützung des Gedächtnisses von Alzheimer-Patienten oder die Verbesserung des Gehens bei Parkinson-Patienten."[292] Bewegungen mit den Füßen oder Händen wirken sich positiv aus und finden immer im Kontext von Landschaft und Räumen statt, die dem Körper eine unmittelbare Rückmeldung geben. Diese Prozesse schreiben sich dem Körper ein: „durch Weiterentwicklung bildgebender Methoden werden wir immer genauere Kenntnis der dynamischen Anpassung des Zentralnervensystems erhalten."[293] Ähnlich wie beim Gehen im Haus und in der Landschaft, so werden auch beim Hören und aktiven Musizieren positive emotionale Erfahrungen gemacht, die uns zur Wiederholung motivieren. „Welche biografischen Faktoren beeinflussen unsere Erlebnisfähigkeit, und welche neurohormonellen Korrelate haben die schillernden, schwer in Worte mitteilbaren Emotionen, die wir beim Hören von Musik haben? Warum kann Musik gleichzeitig traurig und glücklich machen? Überhaupt wird die neurowissenschaftliche Forschung in den nächsten Jahren die individuellen Voraussetzungen menschlichen Erlebens und Verhaltens viel genauer erkennen können."[294] Die Wirkung von Räumen auf den Menschen kann in einer ähnlichen Bandbreite wie die der Musik erscheinen, die Schilderung sensorischer Wirkungen kann als Atmosphäre oder, musikalisch gedacht, als Stimmung erklärt werden, womit auch die Eigenresonanz als akustischer Teil des Raums angedeutet werden kann. „Der Raum hat seine bestimmte Stimmung, sowohl als Außenraum als auch als Landschaft. Er kann heiter, leicht, düster, nüchtern, feierlich usw. sein und sein Stimmungscharakter überträgt sich dann auf den darin weilenden Menschen."[295] Dies bedeutet, dass Räume einen nachhaltigen Anteil an der kognitiven Verfassung ihrer Bewohner haben und daher die sensorische Attraktivität unmittelbare therapeutische Qualitäten hat, die nicht erst in Krisenzeiten des Körpers zum Einsatz kommen sollten. Räume haben eine formende Kraft, die als neurologische Therapie mit den Snoezelen-Räumen genutzt wird. Diese Räume ähneln Verfahren der Musiktherapie. „Und schließlich werden wir die Potentiale der neurologischen Musiktherapie ausschöpfen. Wir werden wissen, welche Patienten vom Klavierspiel nach dem Schlaganfall profitieren, wir werden wissen, welche Musik wir Alzheimer-Patienten spielen können, um ihre Ängste zu lindern, und wir werden wissen, wie wir am besten die melodische Intonationstherapie, das Singen bei Aphasien einsetzen können."[296] Im Unterschied zu Therapien in Snoezelen-Räumen sind Menschen während der Musiktherapien im ständigen Austausch mit motivierenden Personen. Beide Formen erreichen mit Klängen den Menschen. Bereits das Hören von Klängen führt zu einer Form einer ursprünglichen Selbstvergewisserung, die Sicherheit vermitteln kann; in solchen Momenten wird bereits unbewusst auf ein pränatal erlerntes Wissen zurückgegriffen. „Schon sehr früh ist das musikalische Gehirn auf Musikalität programmiert; selbst wenige Monate alte Babys können bereits harmonische und dissonante Musik unterscheiden."[297] Diese Differenzierungsleistung trägt wesentlich dazu bei, weitere Regionen im Gehirn zu aktivieren. „Melodien und Rhythmen wirken auf genau jene Hirnregionen, die für die Verarbeitung von Trauer, Freude, Sehnsucht zuständig sind; Musik, so zeigt sich damit, sie öffnet das Tor in die Welt der Gefühle."[298] Mir ist keine vergleichbare künstlerische Praxis oder wissenschaftliche Untersuchung bekannt, die ähnlich umfassend belegt, welche Art von Bewegung hiermit in Beziehung gebracht werden kann. „Meine Vorhersage ist, dass wir Musik als mächtiges Wirkmittel auch bei vielen anderen neurodegenerativen Erkrankungen, bei Störungen der Hirnentwicklung und bei Affektstörungen segensreich einsetzen können. Damit käme der Musik wieder die Rolle zu, die sie bereits im Altertum hatte."[299] Musik und Klänge werden auch unterbewusst im Bereich jenseits der Hörregion (20 bis 20.000 Hertz) wahrgenommen. „Bis ins Erwachsenenalter reagiert der Mensch höchst empfindlich auf Musik – auch dann, wenn er dies selbst gar nicht merkt."[300] Geräusche im Infraschallbereich, die besonders während des Schlafes im Liegen aufgenommen werden, sind in ihrer Wirkung auf den Körper bislang wenig untersucht. Körperreaktionen auf Infraschall sind bekannt, nicht aber deren kognitive Verarbeitung. Interessant wäre es zu erfahren, wie Infraschall im Liegen und Stehen individuell (Konditionierung, Alter etc.) unterschiedlich erlebt wird. Dabei wird das Bett zum Verstärker und Medium: Rohrinnenräume und Federkernmatratzen übertragen Frequenzen, die durch Körperschall im Gebäude wandern, direkt auf den Liegenden. „Vor allem gelang es in jüngster Zeit, die Schaltzentrale der durch Musik ausgelösten Gefühle dingfest zu machen. (…) Bei als schön empfundenen Klängen regt sich die linke Schläfen- und Stirnregion des Großhirns. Bei unangenehmer Musik feuerten die Neuronen rechts. Das Interessante: Ebendiese Hirnareale werden auch bei Gefühlen aktiv, die durch gänzlich andere Reize ausgelöst sind. Ähnliche Ergebnisse lieferte eine Untersuchung der kanadischen Neurologen Anne Blood und Robert Zatorre. Ihre Probanden wählten solche Musik aus, die ihnen ‚Schauer über den Rücken hinunterschickte'. Mittels Positronenemissionstomografie (PET), die lokale Hirndurchblutung erkennt,

bilden die Forscher dann die beim Hören dieser Musik aktiven Hirnareale ab."[301] Es scheint, als führten die bei unserer Tätigkeit ausgeführten Bewegungen zu komplexen Abfolgen von Luftdruckschwankungen, deren Zusammenwirken und Gliederung wir als Musik zu erkennen in der Lage sind. Als eine Folge motorisch-physikalischer Bewegungen entstehen Schallwellen, die durch den Raum an unsere Ohren und unsere Körper wandern, um von diesen empfangen und kognitiv verarbeitet zu werden. Wir scheinen dabei Bewegungsmuster speichern zu können, die so exakt erinnert werden können, dass wir kleinste Abweichungen in kürzester Zeit identifizieren können. Die Erinnerung an Muster scheint die Voraussetzung musikalischen Erlebens zu sein. Auch Häuser bieten solche Strukturen an, die als Pläne ebenso erinnerbar sind wie die Resonanzen von Räumen, wenn wir sie durchschreiten.

„Das Haus hat keine Wurzel. Unvorstellbar für einen Hausträumer: Die Wolkenkratzer haben keinen Keller. Vom Pflaster bis zum Dach stapeln sich die Räume aufeinander und das Zelt eines Himmels ohne Horizont umschließt die ganze Stadt. Die Gebäude haben in der Stadt nur eine äußere Höhe. Die Fahrstühle zerstören das Heldentum der Treppe. Es liegt kein Verdienst mehr darin, nahe am Himmel zu wohnen."[302] Die damit angedeutete Erfahrung der Bewegung macht unsere Erinnerung im Haus erst zu dem, was es für uns ist, nämlich zum bekannten Ort der Erinnerung, Bilder leiten dabei den Vorgang unserer Navigation. „Dem Fehlen der intimen Werte des Vertikalismus muss das Fehlen des kosmischen Bezuges im Großstadthaus hinzugefügt werden. Die Häuser sind nicht mehr in der Natur. Die Beziehung zwischen Wohnung und Raum wird hier unecht. Alles ist hier Maschine und

das intime Leben verflüchtigt sich überall."[303] Ohne die notwendige emoti-
onale Beziehung kann kein Haus zur Heimat werden. Geborgenheit ist die
Möglichkeit des sicheren Rückzuges, der aus frühen Jahren bekannt sein
sollte. Haus und Musik gleichen sich hinsichtlich ihrer Spuren, die sie im
System der Erinnerung hinterlassen. „In keinem Bereich sind so viele neue
Erkenntnisse über die neuronalen Grundlagen der positiven Emotionen ge-
wonnen worden, wie in der Musik."[304] Dies erklärt dann auch die besondere
Wirkung die von den Snoezelen-Räumen auszugehen vermag, da sie verschiedene sensorische Bereiche gleichzeitig ansprechen. Erstaunlich, dass
diese Kunsttherapie mit Klang noch nicht weiterentwickelt worden ist, wo
doch durch den Bereich der Klangkunst viele Formen und Strukturen eines
körperlichen Erlebens akustischer Bewegungen im Raum möglich geworden sind, die ohne jede Referenz auf die meist voraussetzungsreichen Formen der Musik erlebt werden können. Unabhängig von dem ästhetischen
Stellenwert, den diese junge Kunstgattung in den vergangenen Jahren etablieren konnte, scheint es doch, dass ihre multisensorischen Potenziale es
wert sind, näher in ihrer Wirkung auf den Menschen betrachtet zu werden.
Es handelt sich dabei um eine barrierefreie Kunst mit offenen Angeboten an
die Rezeption. Klangkünstlerische Arbeiten bieten akustische Erlebnisse an,
die jenseits der Voraussetzungen und Konditionierungen klassischer Musik

stattfinden. Ohne Vorwissen und besondere Anforderungen kann klassische Musik wohl kaum adäquat verstanden werden. Umso wichtiger sind Alternativen. Die Nähe der Snoezelen-Räume zur Musik kann aufgegriffen werden, um verschiedene Szenarien als eine dramaturgische Folge von Räumen zu gestalten. Stellen Sie sich vor, Sie wären wie durch einen Zauber in die Lage versetzt, durch Konzerträume zu fliegen, in denen sich ein abgestelltes Streichorchester befindet. Wenn Sie vielleicht wie ein kleines Insekt durch die hölzernen Körper der mit Saiten bespannten Instrumente fliegen könnten, so würde Ihnen ein multisensorisches Erleben zuteil. Die Geschichte des Wachstums vieler unterschiedlicher heimischer wie tropischer Hölzer und die Spuren ihrer Bearbeitung wäre genauso olfaktorisch erfahrbar wie der ruhige, leise stehende Klang, der die Instrumente in ihrem Inneren gleichsam zu ruhenden Lebewesen macht, auf akustische Weise. Alle Saiteninstrumente stammen vom Vorbild jenes mit Saiten bespannten Schildkrötenpanzers ab, dem Körper und Haus eines auf dem Boden lebenden Tieres, das zu den ältesten Lebewesen überhaupt gehört, die wir kennen. Dächer, die diese Form der Schildkröte aufnehmen, zitieren dies und versprechen Schutz mit der seltenen Gelassenheit des gepanzerten Tieres, das niemand aus der Ruhe zu bringen vermag, da es sein Haus und damit seine Heimat ständig bei sich zu haben scheint.

Nachwort

Ich danke zunächst meinen Lesern, deren Zeit ich in Anspruch genommen habe, und hoffe, dass die ausführlichen persönlichen Schilderungen nicht zu weit aus dem Thema geführt haben. Die einzelnen Stationen, die den Gang durch die Seiten des Buches bestimmt haben, spiegeln jene Erfahrungen mit Architektur, Körpern und Instrumenten wider, die ich bis heute sammeln durfte. Wie die Navigation auf der See sich historisch an den Sternen orientieren konnte, so auch hat sich der Weg durch das Thema in Bildern meiner Erinnerung abgebildet. Die von mir zitierte Literatur hat jene Sicherheit zur Verfügung gestellt, in die meine Ausführungen eingebettet werden konnten. Ohne den regen Austausch aber mit Kollegen, Freunden und meiner Familie wäre gerade dieses Buch nicht entstanden. Dem jovis Verlag sei hier auch ausdrücklich für die leidenschaftliche Betreuung gedankt.

Herzlich danke ich persönlich: Professor Dr. Helga de la Motte-Haber, Berlin. Dr. Birgit Dietz, Bamberg. Prof. Dr. Wolfgang Schuster, Potsdam. Professor Dr. med. Dr. dent. Robert Metelmann, Greifswald. Professor Dr. med. Uwe Nixdorff, Düsseldorf. Prof. Dr. med. Janine Diehl-Schmid, München. Prof. Dr. Dr. Reimer Gronemeyer, Gießen. M.A. Verena Rothe, Gießen. Prof. Dr.-Ing. Wolfgang Böhm, Frankfurt am Main. Prof. Dr. Bernhard Waldenfels, München. Dr. Eyke Isensee, Braunschweig, Prof. Dr. Annette Tietenberg, Braunschweig. Prof. Dr. Ing. Gerhard Glatzel, Braunschweig. Prof. Ulrich Eller, Braunschweig. Kirsten Dubs, Freest/Kröslin.

Folgende Institutionen haben das Projekt begleitet und ermöglicht, denen mein Dank gilt: Hochschule für Bildende Künste Braunschweig (HBK). Bayerisches Staatsministerium für Gesundheit und Pflege, München. Klinik und Poliklinik für Psychiatrie und Psychotherapie der TUM, München. Urban Future Forum, Frankfurt am Main. Open Mainded Projektentwicklung AG, Frankfurt am Main.

Literatur

Leon Battista Alberti, *Zehn Bücher über die Baukunst*, übersetzt von Max Theuer, Wissenschaftliche Buchgesellschaft Darmstadt, 1975.

Eckart Altenmüller, *Musik ist das Brot unseres Geistes – nicht nur die schönste Nebensache der Welt*, FAZ, Nr. 269, 19. November 2014.

Rudolf Arnheim, *Kunst und Sehen. Eine Psychologie des schöpferischen Auges*, übersetzt ins Deutsche von Hans Hermann, Verlag de Gruyter, Berlin und New York, 1978.

Gaston Bachelard, *Poetik des Raumes*, übersetzt aus dem Französischen von Kurt Leonhard, Carl Hanser Verlag, München, 1975.

Dirk Baecker, *Überlegungen zur Form des Gedächtnisses*, in: Siegfried J. Schmidt (Hrsg.), *Gedächtnis. Probleme und Perspektiven der interdisziplinären Gedächtnisforschung*, stw, Frankfurt am Main, 1991.

C. Becker und Thomas Klie, *Abschlussbericht zum Modellvorhaben. Reduktion von körpernaher Fixierung bei demenzerkrankten Heimbewohnern*, Robert Bosch Gesellschaft für medizinische Forschung, Kontaktstelle für praxisorientierte Forschung an der Evangelischen Fachhochschule Freiburg, Titel 684 32, Freiburg, 2004.

Klaus-Ernst Behne, *Musik und Wahrnehmung*, in: Marietta Morawska-Büngeler (Hrsg.), *Musik und Raum*, (Veröffentlichungen des Instituts für Neue Musik und Musikerziehung Darmstadt, Bd. 30, Schott-Verlag, Mainz, 1989.

Aurelio Antonio Belfiore, et al., *Il duomo de Monreale, Architettura di luce e icona*, Salvare Palermo, 2009.

Henri Bergson, *Denken und schöpferisches Werden, Aufsätze und Vorträge*, Syndikat, Frankfurt am Main, 1985.

Gernot Böhme, *Architektur und Atmosphäre*, Fink-Verlag, München, 2006.

Otto Friedrich Bollnow, *Mensch und Raum*, Kohlhammer, Stuttgart, 1963.

Martha Brech, *Rauschen: Zwischen Störung und Information*, in: Christian Scheib (Hrsg.), *das rauschen, Aufsätze zu einem Themenschwerpunkt im Rahmen des Festivals musikprotokoll '95 im steirischen Herbst*, Wolke Verlag, Hofheim, 1995.

Alexandra Brylok, *Wohnen mit Demenz*, in: Marquardt und Viehweger (Hrsg.), *Architektur für Menschen mit Demenz, Beiträge zur Tagung*, am 22.5.2014, TU Dresden, 2014.

Matthias Dalferth, *Mehr Lebensqualität im Altenpflegeheim. Wissenschaftliche Begleitung des Snoezelenprojektes im Senioren-Wohn- und Pflegeheim des Bayerischen Roten Kreuzes*, Regensburg, 2003.

Helga de la Motte-Haber, *Handbuch der Musikpsychologie*, Laaber, 1985.

Birgit Dietz, *Demenzgerechte Planung für Akutkrankenhäuser*, in: *Barrierefreie Bau- und Wohnkonzepte*, Forum Verlag, Merching, 2011.

John P. Eberhard, *Brain Landscape. The Coexistence of Neuroscience and Architecture*, Oxford University Press, 2009.

Franziska Eidner und Nadin Heinich, *Sensing Space – Technologien für Architekturen der Zukunft*, Jovis, Berlin, 2009.

Tomas Espedal, *Gehen oder die Kunst, ein wildes und poetisches Leben zu führen. Aus dem Norwegischen von Paul Berf*, Matthes und Seitz, Berlin, 2011.

Gustav Theodor Fechner, *Das Unendliche Leben*, Matthes & Seitz, München, 1984.

Eckhard Feddersen, *raum lernen, raum erinnern, raum fühlen*, in: E. Feddersen und Insa Lüdtke (Hrsg.), *raumverloren. Architektur und Demenz*, Birkhäuser Verlag, Basel, 2014.

Michel Foucault, *Überwachen und Strafen. Die Geburt des Gefängnisses*, stw, Frankfurt am Main, 1977.

Michel Foucault, *Die Geburt der Klinik. Eine Archäologie des ärztlichen Blicks*, Fischer Taschenbuch, Frankfurt am Main, 1988.

Michel Foucault, *Die Gesundheitspolitik im 18. Jahrhundert, in: Ders., Schriften in vier Bänden*, Bd. III., hrsg. von Daniel Defert et. al., suhrkamp, Frankfurt am Main, 2003.

Ernst Flory, *Gehirn und Zeit*, in: Siegfried J. Schmidt (Hrsg.), a.a.O., 1991.

Nicole Froberg, *Hans Scharouns Theater für Wolfsburg. 1973-2013*, im Auftrag der Stadt Wolfsburg, Jovis Verlag, Berlin, 2013.

Christine Gebhardt, *Hören im Hirn. Wirksamkeit eines Trainings der auditiven Differenzierungsfähigkeit bei Schwerhörigen im Alter von 55 bis 70 Jahren*, Inaugural-Dissertation, Albert-Ludwigs-Universität Freiburg im Breisgau, 2006.

Walter Gieseler, *Komposition im 20. Jahrhundert. Details – Zusammenhänge*, Moeck Verlag, Celle, 1975.

H. Girndt, Art. *Handeln, soziales*, in: *Historisches Wörterbuch der Philosophie*, Bd. 3, Basel, 1974.

Reimer Gronemeyer, *Das 4. Lebensalter. Demenz ist keine Krankheit*, Pattloch-Verlag, München, 2013.

Reimer Gronemeyer, *Die Demenzfreundliche Kommune – Das Wagnis*, in: Rothe, Kreutzner, Gronemeyer, 2015.

Rainer Guski, *Wahrnehmung. Eine Einführung in die Psychologie menschlicher Informationsaufnahme*, Kohlhammer, Stuttgart, Berlin, Köln, 1989.

Hermann Haken, *Konzepte und Modellvorstellungen der Synergetik zum Gedächtnis*, in: Siegfried J. Schmidt (Hrsg.), *Gedächtnis. Probleme und Perspektiven der interdisziplinären Gedächtnisforschung*, stw, Frankfurt am Main, 1991.

Donald E. Hall, *Musikalische Akustik. Ein Handbuch*, Mainz, 1997.

Gerhard Hesse und Armin Laubert, *Hörminderung im Alter – Ausprägung und Lokalisation*, Deutsches Ärzteblatt, Jg. 102., Heft 42, 21. Oktober, 2005.

Lutz Jänicke, *Macht Musik schlau? Neue Erkenntnisse aus den Neurowissenschaften und der kognitiven Psychologie*, Verlag Hans Huber, Bern, 2008.

Eric Kandel, *Principles of Neural Sience*, Mcgraw Hill, New York City, 2000.

Ulrike Karrer, *Entspannung durch Musik-Entspannungskassetten? Physiologische Befunde und ihre Aussage*, in: Klaus-Ernst Behne, Günter Kleinen, Helga de la Motte-Haber (Hrsg.), *Musikpsychologie*, Jahrbuch der Deutschen Gesellschaft für Musikpsychologie, Bd. 14, *Wahrnehmung und Rezeption*, Hogrefe, Göttingen, Bern, Toronto und Seattle, 1999.

Kelly Ketch, *Helfende Architektur. Nach dem Zwei-Sinne-Prinzip*, CARE Invest, 23/13. 2014.

Petra Koczy, Thomas Klie et al., *Effectiveness of Multifactorial Intervention to Reduce Physical Restrains in Nursing Home Residents*, The American Geriatrics Society, JAGS; 59, p. 333-339, 2011.

La Biennale di Venezia (Hrsg.), *Fundamentals catalog*, 14. Mostra Internationale di Architettura, Venedig, 2014.

Le Corbusier, 1922, *Ausblick auf eine Architektur*, (Bd. 2 Bauwelt Fundamente), Birkhäuser-Verlag, Basel, Boston, Berlin, 2001.

Emmanuel Lévinas, *Die Spur des Anderen. Untersuchungen zur Phänomenologie und Sozialphilosophie*, Verlag Karl Albert, Freiburg und München, 1983.

Emmanuel Lévinas, *Die Zeit und der Andere*, Felix Meiner Verlag, Hamburg, 1984.

Theodor Lipps, *Ästhetik. Psychologie des Schönen und der Kunst*, Hamburg und Leipzig, 1914.

Harry Francis Mallgrave, *Architecture and Embodiement. The Implications of the New Sciences and Humanities of Design*, Tayler & Francis, Oxford, UK, 2013.

Bianca Mattern, *Montessori für Senioren*, Bd. 2. Einführung in die Arbeit mit Hochaltrigen, Norderstedt, 2008.

Thomas Mann, *Der Zauberberg*, Fischer Verlag, Frankfurt am Main, 1986.

Gesine Marquardt und Axel Viehweger (Hrsg.), *Architektur für Menschen mit Demenz, Beiträge zur Tagung*, am 22.5.2015, TU Dresden, 2015.

Konrad Mauer, David Prvulovic, in: Peter Hartwich, Arnd Barocka (Hrsg.), *Psychisch krank. Das Leiden unter Schwere und Dauer*, Sternfels, 2009.

Maurice Merleau-Ponty, *Phänomenologie der Wahrnehmung*, aus dem Französischen übersetzt von Rudolf Boehm, Walter de Gruyter, Berlin, 1966.

Christoph Metzger, *Multisensorische Räume – Wohnen für Betagte*, in: Marquardt und Viehweger (Hrsg.), Architektur für Menschen mit Demenz, Beiträge zur Tagung, am 22.5. 2014, TU Dresden, 2014.

Christoph Metzger, *Architektur und Resonanz*, Jovis, Berlin, 2015.

Tom Motzek, *Menschen mit Demenz in einer alternden Gesellschaft: Ein epidemiologischer Überblick*, in: Gesine Marquardt und Axel Viehweger (Hrsg.), a.a.O., 2014.

O. Neumann, Art. *Gedächtnisspanne*, in: Joachim Ritter, (Hrsg.) *Historisches Wörterbuch der Philosophie*, Bd. 3, Schwabe & Co Verlag, Basel und Stuttgart, 1974.

Kate Nesbitt, *Theorizing Architecture. A New Agenda for Architecture. A New Anthology of Architectural Theory 1965-1995*, Princeton Architectural Press, New York, 1996.

Günter Niklewski, Heike Nordmann et. al., *Demenz, Hilfe für Alz-*

heimerkranke und ihre Angehörigen, Stiftung Warentest, Berlin, 2013.

Frank Oswald et al., im Auftrag der BHF-Bank-Stiftung. *Hier will ich wohnen bleiben! Ergebnisse eines Frankfurter Forschungsprojekts zur Bedeutung des Wohnens in der Nachbarschaft für gesundes Wohnen,* Frankfurt am Main, 2013.

Juhani Pallasmaa, *The eyes of the skin*, John Wiley & Sons, West Sussex, 2005.

Andrea Palladio, *Die vier Bücher zur Architektur*, nach der Ausgabe Venedig, 1570, aus dem Italienischen übersetzt und hrsg. von Andreas Beyer und Ulrich Schütte, Verlag für Architektur, Artemis, Zürich und München, 1988.

G. Pflug, Art. *Elan Vital*, in: Joachim Ritter (Hrsg.), *Historisches Wörterbuch der Philosophie*, Bd. 2., Basel und Stuttgart, 1971.

Jean Piaget, *Das Erwachen der Intelligenz beim Kinde*, Genf, 1936 / 1959, Stuttgart, 1973.

W. Prinz, Art. *Kognition, kognitiv*, in: Joachim Ritter und Karlfried Gründer (Hrsg.), *Historisches Wörterbuch der Philosophie*, Bd. 4, Basel und Stuttgart, 1976.

Marcel Proust, *Auf der Suche nach der verlorenen Zeit,* Deutsch von Eva Rechel-Mertens, Suhrkamp, Frankfurt am Main, 1979.

Beate Radzey, *Lebenswelt Pflegeheim. Eine Nutzerorientierte Bewertung von Pflegeheimbauten für Menschen mit Demenz,* Mabuse-Verlag, Frankfurt am Main, 2014.

Ortwin Reichold, *Ich baue. Der Architekt Alvar Aalto in Wolfsburg. Das Ausstellungs- und Veranstaltungsprojekt im Alvar-Aalto-Kulturkaufhaus,* in: Klaus-Jörg Siegfried, Stadt Wolfsburg, Institut für Museen- und Stadtgeschichte (Hrsg.), Ausstellung der Stadt Wolfsburg. Institut für Museen- und Stadtgeschichte im Alvar-Aalto-Kulturhaus vom 20. Mai bis 27. Oktober 2000, Stadt Wolfsburg, 2000.

Gerhard Roth, *Die Konstruktion von Bedeutung im Gehirn*, in: Siegfried J. Schmidt (Hrsg.), *Gedächtnis. Probleme und Perspektiven der interdisziplinären Gedächtnisforschung*, stw, Frankfurt am Main, 1991.

Verena Rothe, *Menschen mit Demenz in der Kommune – Das Programm,* in: Verena Rothe, Gabriele Kreutzner, Reimer Gronemeyer (Hrsg.), *Im Leben bleiben. Unterwegs zu demenzfreundlichen Kommunen*, transcript, Bielefeld, 2015.

Gebhard Rusch, *Erinnerung aus der Gegenwart*, in: Siegfried J. Schmidt (Hrsg.), *Gedächtnis. Probleme und Perspektiven der interdisziplinären Gedächtnisforschung*, stw, Frankfurt am Main, 1991.

Erica E. Ryherd and Kerstin Persson Wayne, *Characterizing noise and perceived work environment in a neurological intensive care unit*, J. Acoust. Soc. Am, 123, (2), February, 2008.

Erik Satie, *Schriften*, hrsg. von Ornella Volta aus dem Französischen von Silke Hass, Wolke Verlag, Hofheim, 1988.

Siegfried J. Schmidt (Hrsg.), *Gedächtnisforschung: Positionen, Probleme, Perspektiven,* in: Ders. *Probleme und Perspektiven der interdisziplinären Gedächtnisforschung*, stw, Frankfurt am Main, 1991.

Armin H. Seidl, *Entwicklung und erfahrungsabhängige Plastizität neuronaler Mechanismen der Schalllokalisation bei Säugern*, Diss., Fakultät für Biologie der Ludwig-Maximilians-Universität München, 2003.

Wolf Singer, *Die Entwicklung kognitiver Strukturen – ein selbstreferentieller Lernprozess*, in: Siegfried J. Schmidt (Hrsg.), *Gedächtnis. Probleme und Perspektiven der interdisziplinären Gedächtnisforschung*, stw, Frankfurt am Main, 1991.

Camillo Sitte, *Der Städtebau nach seinen künstlerischen Grundsätzen. Ein Beitrag zur Lösung moderner Fragen der Architektur und monumentalen Plastik mit besonderer Berücksichtigung auf Wien*, Verlag von Karl Graeser, Wien, 1909.

Rudolf Steiner, *Die Stufen der höheren Erkenntnis*, Rudolf Steiner Verlag, Dornach, Schweiz, 1979.

Rainer Straub, *Die singenden Steine von Monreale: Über die Geheimnisse des sizilianischen Kreuzgangs*. Verlag Anton Pustet, Salzburg, 2012.

Herman van Dyck, *Nicht so – sondern so. Kleiner Ratgeber im Umgang mit blinden Menschen*, dt. Blindenverband e.V., Berlin, 2004.

Patrick Verhaest, *Wohnumgebung: Die physische Dimension bei der Unterstützung psychosozialen Wohlbefindens*, in: Gesine Marquardt und Axel Viehweger (Hrsg.), *Architektur für Menschen mit Demenz*, Dresden, 2014.

Vitruv, *Zehn Bücher über Architektur*, übersetzt von Curt Fensterbusch, Wissenschaftliche Buchgesellschaft Darmstadt, 1975.

Voelcker-Rehage C., *Der Zusammenhang zwischen motorischer und kognitiver Entwicklung im frühen Kindesalter – Ein Teilergebnis der MODALIS-Studie*, Deutsche Zeitschrift für Sportmedizin, Jh. 56, Nr. 10, 2005.

Bernhard Waldenfels, *Phänomenologie in Frankreich*, stw, Frankfurt am Main, 1987.

Bernhard Waldenfels, *Sinnesschwellen, Studien zur Phänomenologie des Fremden*, darin: Architektonik am Leitfaden des Leibes, stw, Frankfurt am Main, 1998.

Flyer, Hausarbeiten, Internetadressen, Zeitschriften

Philip Bethge, *Die Musik-Formel*, Der Spiegel, 31/ 2003, S. 131.

Bürger für den Lietzensee e.V., *Lietzensee und Lietzenseepark. Natur– Gartenarchitektur – Kunst*, Berlin-Charlottenburg, Flyer, Berlin 2015.

Bürgerverein Hansaviertel e.V., *Hansaviertel Berlin kompakt, Architekturführer zur Interbau 57*, Berlin 2015.

Das Projekt 10.000 Schritte, Projekt der Charité Hochschulambulanz für Naturheilkunde, Berlin, 2008. www.zehntausendschritte.de

db deutsche bauzeitung, 07/2011, Schwerpunkt: In Würde altern.

Birgit Dietz, Janine Diehl Schmidt et. al., Forschungsprojekt, angesiedelt am Klinikum rechts der Isar, München (MRI), in Kooperation mit der Technischen Universität München (TUM) durchgeführt von Dr. Brigit Dietz in Zusammenarbeit mit Prof. Dr. Janine Diehl-Schmidt, Johannes Mayer und Prof. Dr. Dr. Christoph Metzger vom Februar 2015 bis März 2016.

Conrad Donhuijsen, *Welche Voraussetzungen bietet der menschliche Körper für eine schallbedingte Body-Resonanz?* Hausarbeit bei Christoph Metzger, HBK Braunschweig, Sommer 2014.

Forschungsperspektiven der Max-Plank-Gesellschaft, *Neuronale Plastizität. Das Formbare Gehirn*, 201, S. 50.

Jürgen Hoffmann, *Der Kühlschrank als Kommunikator, Intelligente Häuser*, Der Tagesspiegel, Nr. 22 456, 11. Juli 2015.

Gerda Kneifel, *Demenz-Frühdiagnose: Was das Gangbild verrät*, www.deutsch.Medscape,com, Beitrag vom 15. September 2014, Zugriff am 15. Dezember 2015

Uwe Nixdorff, *30 Minuten Zukunft – Zukunftsdenker-Interview mit Professor Dr. Uwe Nixdorff*, www.zukunfts-akademie.com/ zukunftsdenker, Zugriff am 30.12.2015

Sara Klemens, *Vibrotaktile Schallwahrnehmung als Ganzkörpererfahrung*, BA-Arbeit, betreut von Christoph Metzger, HBK Braunschweig, Sommer 2014, unveröffentlicht.

Martin Lövdén, *Die Welt im Kopf – Altern mit Köpfchen*, 1/2007 Max Planck Forschung.

Anmerkungen

1   Bernhard Waldenfels, *Sinnesschwellen, Studien zur Phäno-menologie des Fremden,* darin: *Architektonik am Leitfaden des Leibes,* hat in Anlehnung an Martin Heidegger, Maurice Merleau-Ponty und Emmanuel Lévinas eine Phänomenologie des architektonischen Raumes entwickelt. stw, Frankfurt am Main, 1998.
2   Gesine Marquardt, Kathrin Büter, Tom Motzek, *Architektur für Menschen mit Demenz in stationären Altenpflegeeinrichtungen,* in: Marquardt und Viehweger (Hrsg.) *Architektur für Menschen mit Demenz, Beiträge zur Tagung,* am 22.5.2014, TU Dresden, S. 50.
3   db deutsche bauzeitung, 07/2011, Schwerpunkt: In Würde altern.
4   Alexandra Brylok, *Wohnen mit Demenz,* in: Marquardt und Viehweger (Hrsg.), *Architektur für Menschen mit Demenz, Beiträge zur Tagung,* am 22.5.2015, TU Dresden, 2015, S. 91.
5   Vgl. Matthias Dalferth, *Mehr Lebensqualität im Altenpflegeheim. Wissenschaftliche Begleitung des Snoezelenprojektes im Senioren-Wohn- und Pflegeheim des Bayerischen Roten Kreuzes,* Regensburg, 2003.
6   Christoph Metzger, *Multisensorische Räume – Wohnen für Betagte,* a.a.O., Dresden, 2014.
7   So veranstaltete die DGNB (Deutsche Gesellschaft für Nachhaltiges Bauen) im Oktober 2015 einen Kongress, Architektur als Bewegungsraum – ein Paradigmenwechsel? In einem Interview schlägt Burkhard Remmers vor, den hohen Energieverbrauch der rund 4,8 Mio. Aufzüge in Gebäuden in den 27 EU-Mitgliedstaaten, deren Energiebedarf dem des bundesdeutschen Schienenverkehrs entspricht, aus Gründen der Förderung von Bewegung nur noch Menschen zu gewähren, die wegen gesundheitlicher Einschränkungen darauf angewiesen sind. Er schlägt vor, die Treppe zum Mittelpunkt der Bewegung im Gebäude zu machen.
8   Marquardt, Büter, Motzek, in: Marquardt und Viehweger (Hrsg.), *Architektur für Menschen mit Demenz, Beiträge zur Tagung,* am 22.5.2014, TU Dresden, S. 57.
9   Eric Kandel, *Principles of Neural Sience,* Mcgraw Hill, New York City, 2000.
10 Gaston Bachelard, *Poetik des Raumes,* übersetzt aus dem Französischen von Kurt Leonhard, Carl Hanser Verlag, München, 1975.
11 Otto Friedrich Bollnow, *Mensch und Raum,* Kohlhammer, Stuttgart, 1963, S. 164.
12 Laura Hirvi, *Home – Kosmos der Sinne,* unveröffentlichte Mitschrift des Vortrages im Rahmen des Mastermoduls im WS 2015/16 an der Hochschule für Bildende Künste, Braunschweig, 8. Februar 2016.
13 Le Corbusier, 1922, *Ausblick auf eine Architektur,* (Bd. 2 Bauwelt Fundamente), Birkhäuser-Verlag, Basel, Boston, Berlin, 2001.
14 Bollnow, a.a.O., 1963, „Das Wohnen ist eine Grundverfassung des menschlichen Lebens, die erst langsam in ihrer vollen Bedeutung erkannt wird." S. 125.
15 Andrea Palladio, *Die vier Bücher zur Architektur,* nach der Ausgabe Venedig, 1570, aus dem Italienischen übersetzt und hrsg. von Andreas Beyer und Ulrich Schütte, Verlag für Architektur, Artemis, Zürich und München, 1988.
16 Andrea Palladio, *Die vier Bücher zur Architektur,* a.a.O., S. 116.
17 Camillo Sitte, *Der Städtebau nach seinen künstlerischen Grundsätzen. Ein Beitrag zur Lösung moderner Fragen der Architektur und monumentalen Plastik mit besonderer Berücksichtigung auf Wien*, Verlag von Karl Graeser, Wien 1909.
18 Bernhard Waldenfels, *Sinnesschwellen. Studien zur Phänomenologie des Fremden,* a.a.O., S.203.
19 Christoph Metzger, *Multisensorische Räume für Betagte,* in: Marquardt und Viehweger (Hrsg.), *Architektur für Menschen mit Demenz,* a.a.O., S. 102.
20 Reimer Gronemeyer, *Die Demenzfreundliche Kommune – Das Wagnis,* in: Rothe, Kreutzner, Gronemeyer, a.a.O., 2015, S. 23.
21 Helga de la Motte-Haber, *Handbuch der Musikpsychologie,* Laaber, 1985.
22 Christoph Metzger, *Architektur und Resonanz,* Jovis, Berlin, 2015.
23 Christoph Metzger, *Architektur und Resonanz,* Jovis, Berlin, 2015.
24 Bernhard Waldenfels, *Sinnesschwellen. Studien zur Phänomenologie des Fremden,* a.a.O., S.203.
25 Voelcker-Rehage C., *Der Zusammenhag zwischen motorischer und kognitiver Entwicklung im frühen Kindesalter – Ein Teilergebnis der MODALIS-Studie,* Deutsche Zeitschrift für Sportmedizin, Jh. 56, Nr. 10, 2005, S. 358f.
26 Verena Rothe, *Menschen mit Demenz in der Kommune – Das Programm,* in: Verena Rothe, Gabriele Kreutzner, Reimer Gronemeyer (Hrsg.), *Im Leben bleiben. Unterwegs zu demenzfreundlichen Kommunen,* transcript, Bielefeld, 2015, S. 91.
27 Bürger für den Lietzensee e.V., *Lietzensee und Lietzenseepark. Natur– Gartenarchitektur – Kunst,* Berlin-Charlottenburg, Flyer, Berlin 2015.
28 Eckhard Feddersen, *raum lernen, raum erinnern, raum fühlen,* in: E. Feddersen und Insa Lüdtke (Hrsg.), Birkhäuser Verlag, Basel, 2014, S.15 ff.
29 Vgl. Tomas Espedal, *Gehen oder die Kunst, ein wildes und poetisches Leben zu führen.* Aus dem Norwegischen von Paul Berf, Matthes und Seitz, Berlin, 2011.
30 *Das Projekt 10.000 Schritte,* Projekt der Charité Hochschulambulanz für Naturheilkunde, Berlin, 2008. www.zehntausendschritte.de
31 Ebenda, S. 92.
32 Abschlussveranstaltung, Robert Bosch Stiftung, Berlin, Dezember 2015, *Im Leben bleiben. Unterwegs zu demenzfreundlichen Kommunen*
33 Birgit Dietz, *Demenzgerechte Planung für Akutkrankenhäuser, in: Barrierefreie Bau– und Wohnkonzepte,* Forum Verlag, Merching, 2011.
34 Dabei wird Demenz als Oberbegriff von altersbedingten kognitiven Einschränkungen, der als Begriff etabliert ist, infrage gestellt, wenn die damit verbundenen wirtschaftlichen Interessen erörtert werden. Siehe dazu besonders Verena Rothe, a.a.O., S. 158 und S. 159: „Abgesehen davon, dass die derzeit zur Prävention vorgeschlagenen Aspekte eigentlich all das beinhalten, was einem die eigene Oma sagen würde wenn man sie fragen würde wie man gesund leben sollte [… verschiebt sich das Feld der Demenz-Therapien]. Eine auf das Soziale ausgerichtete Einstellung kann jedoch dazu führen, dass man konträr zu bisherigen Initiativen im Demenz-Feld gerät, welche häufig einen rein medizinisch geprägten Blick vertreten oder einnehmen."
35 Christoph Metzger, *Architektur und Resonanz,* Jovis, Berlin, 2015.
36 Waldenfels, *Sinnesschwellen. Studien zur Phänomenologie des Fremdens,* a.a.O., S. 204.
37 Ebenda, S. 203.
38 Bollnow, a.a.O., S. 159.
39 Michel Foucault, *Überwachen und Strafen, Die Geburt des Gefängnisses,* stw, Frankfurt am Main, 1977.
40 Michel Foucault, *Die Geburt der Klinik, Eine Archäologie des ärztlichen Blicks,* Fischer Taschenbuch, Frankfurt am Main, 1988.
41 Uwe Nixdorff, *30 Minuten Zukunft – Zukunftsdenker-Interview mit Professor Dr. Uwe Nixdorff,* www.zukunfts-akademie.com/zukunftsdenker, (Zugriff am 20.12.2015), S. 4.
42 Nixdorff, Ebenda, S. 4.
43 Ebenda
44 Verena Rothe, S. 151. „Die in der Öffentlichkeit noch immer allgemein verbreitete Ansicht, dass Demenz und alles, was damit zusammenhängt, vorrangig in den medizinischen Zuständigkeitsbereich gehören, wird erst allmählich durchbrochen."
45 Ebenda, S. 155.
46 Auf meine in der Abschlussveranstaltung der *Robert Bosch Stiftung* in Berlin, *Im Leben bleiben. Unterwegs zu demenzfreundlichen Kommunen,* am 8. Dezember 2015 öffentlich gestellte Frage, wie denn Til Schweigers, Demenz-Film *Honig im Kopf* oder *Still Alice – Mein Leben ohne Gestern,* Regie: Richard Glatzer und Wash Westmoreland (2014) mit Julianne Moore einzuschätzen seien, auch angesichts der zahlreichen Fehler eines Demenzbildes, wurde zu meinem Erstaunen eine uneingeschränkte Zustimmung mit dem Argument vertreten, dass nämlich der Film einen wichtigen, da populären Beitrag zur weiteren Bearbeitung des Themas biete und somit ein Tabu-Thema öffentlich macht.
47 Gronemeyer, a.a.O., S. 29.
48 Marcel Proust, *Auf der Suche nach der verlorenen Zeit,* Deutsch von Eva Rechel-Mertens, Suhrkamp, Frankfurt am Main, 1979, S. 9.

49 Vgl. Eckart Altenmüller, *Musik ist das Brot unseres Geistes – nicht nur die schönste Nebensache der Welt*, belegt, dass die Aktivitäten der Synapsen bei Musikern nachweisbar stärker vorhanden sind als bei anderen Berufsgruppen. FAZ, Nr. 269, 19. November 2014, S. N2.

50 Christoph Metzger, *Multisensorische Räume – Wohnungen für Betagte*, in: Gesine Marquardt und Axel Viehweger (Hrsg.), *Architektur für Menschen mit Demenz*, Beiträge zur Tagung am 22.5. 2014 in Dresden, S. 102ff.

51 Christoph Metzger, *Architektur und Resonanz*, Jovis Verlag, Berlin, 2015.

52 Tomas Espedal, *Gehen oder die Kunst, ein wildes und poetisches Leben zu führen*. Aus dem Norwegischen von Paul Berf, Matthes und Seitz, Berlin, 2011, S. 116.

53 Gerda Kneifel, *Demenz-Frühdiagnose: Was das Gangbild verrät:* Seit Ende der 90er-Jahre werden Menschen in der Bronx einmal im Jahr auf ihren Gang und ihre Gangvariabilität untersucht. Bei Probanden, die an einer Demenz erkrankten, schaute man sich nachträglich deren Analysen genauer an und stellte größere Gangvariabilität vor Beginn der demenziellen Symptomatik fest. www.deutsch. Medscape,com, Freitag, 18. März 2016, Beitrag vom 15. September 2014.

54 Tomas Espedal, a.a.O., S. 211.

55 Ebenda, S. 186.

56 Maurice Merleau-Ponty, *Phänomenologie der Wahrnehmung*, aus dem Französischen übersetzt von Rudolf Boehm, Walter de Gruyter, Berlin, 1966, S. 18.

57 Thomas Mann, *Der Zauberberg*, Fischer Verlag, Frankfurt am Main, 1986, S. 647f.

58 Thomas Mann, *Der Zauberberg*, a.a.O., S. 649f.

59 Vgl. G. Pflug, Art. *Elan Vital*, in: Joachim Ritter (Hrsg.), *Historisches Wörterbuch der Philosophie*, Basel und Stuttgart, 1971, Bd. 2. Sp. 437.

60 Henri Bergson, *Denken und schöpferisches Werden, Aufsätze und Vorträge*, Syndikat, Frankfurt am Main, 1985, S. 87.

61 Maurice Merleau-Ponty, *Phänomenologie der Wahrnehmung*, aus dem Französischen übersetzt von Rudolf Boehm, Walter de Gruyter, Berlin, 1966, S. 122.

62 Ebenda, S. 191.

63 Ebenda, S. 164f.

64 Ebenda, S. 82f.

65 Vgl. Patrick Verhaest, *Wohnumgebung: Die physische Dimension bei der Unterstützung psychosozialen Wohlbefindens*, in: Gesine Marquardt und Axel Viehweger (Hrsg.), *Architektur für Menschen mit Demenz*, Dresden, 2014, S. 23.

66 Vgl. Tom Motzek, *Menschen mit Demenz in einer alternden Gesellschaft: Ein epidemiologischer Überblick*, in: Gesine Marquardt und Axel Viehweger (Hrsg.), 2014, a.a.O., S. 9f.

67 Ebenda, S. 8.

68 Ebenda, S. 9. Weiter führt Motzek aus: „In den stationären Pflegeeinrichtungen stellen Menschen mit Demenz die Mehrheit dar […], etwa 2/3 aller Heimbewohner haben eine Demenz. Davon weisen 56% eine schwere Demenz auf. Auch in Privathaushalten nimmt die Versorgung von Menschen mit Demenz einen hohen Stellenwert ein. Fast die Hälfte der Versorgten ist davon betroffen." S. 9

69 Das Forschungsprojekt ist angesiedelt am Klinikum rechts der Isar, München (MRI), in Kooperation mit der Technischen Universität München (TUM) und wurde von Dr. Brigit Dietz in Zusammenarbeit mit Prof. Dr. Janine Diehl-Schmidt, Johannes Mayer und Prof. Dr. Dr. Christoph Metzger vom Februar 2015 bis März 2016 durchgeführt.

70 Bernhard Waldenfels, *Phänomenologie in Frankreich*, stw, Frankfurt am Main, 1987, S. 161.

71 Rudolf Arnheim, *Kunst und Sehen. Eine Psychologie des schöpferischen Auges*, übersetzt ins Deutsche von Hans Hermann, Verlag de Gruyter, Berlin und New York, 1978, S. 140.

72 Arnheim, 1978, S. 141.

73 Arnheim, 1978, S. 140.

74 Die von der Gestalttheorie angebotenen Gesetzmäßigkeiten der Wahrnehmung argumentieren mit einem vereinfachenden Schematismus, der an den individuellen Voraussetzungen weiter spezifiziert werden kann.

75 Merleau-Ponty, *Phänomenologie der Wahrnehmung*, a.a.O., S. 165.

76 Rainer Guski, *Wahrnehmung. Eine Einführung in die Psychologie menschlicher Informationsaufnahme*, Kohlhammer, Stuttgart, Berlin, Köln, 1989, S. 54.

77 W. Prinz, Art. *Kognition, kognitiv*, in: Joachim Ritter und Karl-

fried Gründer (Hrsg.), *Historisches Wörterbuch der Philosophie*, Basel und Stuttgart, 1976, Bd. 4, Sp. 868.

78 Bergson, *Denken und schöpferisches Werden*, a.a.O., S. 36f.

79 Guski, 1989, S. 57.

80 Guski, 1989, S. 151.

81 Guski, 1989, S. 151f.

82 Gerhard Hesse und Armin Laubert, *Hörminderung im Alter – Ausprägung und Lokalisation*, Deutsches Ärzteblatt, Jg. 102., Heft 42, 21. Oktober 2005, A 2864.

83 Bergson, *Materie und Gedächtnis*, Ullstein Verlag, Frankfurt am Main und Berlin, 1982, S.110f.

84 Merleau-Ponty, a.a.O., 1966, S. 260.

85 Ebenda, S. 263.

86 Ebenda, S. 263.

87 Kathrin Büter, *Demenzsensible Architektur*, a.a.O., S. 94f.

88 Alexandra Brylok, *Wohnen mit Demenz*, in: Gesine Marquardt und Axel Viehweger (Hrsg.), *Architektur für Menschen mit Demenz*, a.a.O., S. 86.

89 Günter Niklewski, Heike Nordmann et. al., *Demenz, Hilfe für Alzheimerkranke und ihre Angehörigen*, Stiftung Warentest, Berlin, 2013, S. 42.

90 Brylok, 2014, a.a.O., S. 88.

91 Patrick Verhaest, *Demenzfreundliche Wohnumgebung: Die physische Dimension bei der Unterstützung psychosozialen Wohlbefindens*, a.a.O. , S. 26.

92 Verhaest, S. 26f.

93 Verhaest, a.a.O., S. 28.

94 Konrad Maurer, David Prvulovic, *Wenn die Gestalt zerfällt*, a.a.O., hier: S. 1.

95 Ebenda, S. 2.

96 Ebenda, S. 3.

97 Bergson, *Denken und schöpferisches Werden*, a.a.O., S. 37.

98 Bergson, *Denken und schöpferisches Werden*, a.a.O., S. 37.

99 Gesine Marquardt, Kathrin Büter und Tom Motzek, *Architektur für Menschen mit Demenz in stationären Pflegeeinrichtungen – Eine evidenzbasierte Übersichtsarbeit*, in: *Architektur für Menschen mit Demenz*, a.a.0. Dresden, 2014, S. 53.

100 Ebenda, S. 58.

101 Ebenda, S. 64.

102 Walter Gieseler, *Komposition im 20. Jahrhundert. Details ⬚ Zusammenhänge*, Moeck Verlag, Celle, 1975, S. 155.

103 Donald E. Hall, *Musikalische Akustik. Ein Handbuch*, a.a.O., S. 342ff.

104 Klaus-Ernst Behne, *Musik und Wahrnehmung*, in: Marietta Morawska-Büngeler (Hrsg.), *Musik und Raum*, (Veröffentlichungen des Instituts für Neue Musik und Musikerziehung Darmstadt, Bd. 30, Schott-Verlag, Mainz, 1989, S. 65.

105 Ebenda, S. 67.

106 Ebenda, S. 67.

107 Rudolf Arnheim, *Kunst und Sehen*, a.a.O., S. 385.

108 Vgl. Christine Gebhardt, *Hören im Hirn. Wirksamkeit eines Trainings der auditiven Differenzierungsfähigkeit bei Schwerhörigen im Alter von 55 bis 70 Jahren*, Inaugural-Dissertation, Albert-Ludwigs-Universität Freiburg im Breisgau, 2006.

109 Armin H. Seidl, *Entwicklung und erfahrungsabhängige Plastizität neuronaler Mechanismen der Schalllokalisation bei Säugern*, Diss., Fakultät für Biologie der Ludwig-Maximilians-Universität München, 2003.

110 Ebenda, S. 124.

111 Conrad Donhuijsen, *Welche Voraussetzungen bietet der menschliche Körper für eine schallbedingte Body-Resonanz?*, Hausarbeit bei Christoph Metzger, HBK Braunschweig, Sommer 2014.

112 Sara Klemens, *Vibrotaktile Schallwahrnehmung als Ganzkörpererfahrung*, BA-Arbeit, betreut von Christoph Metzger, HBK Braunschweig, Sommer 2014, unveröffentlicht.

113 Ulrike Karrer, *Entspannung durch Musik-Entspannungskassetten? Physiologische Befunde und ihre Aussage*, in: Klaus-Ernst Behne, Günter Kleinen, Helga de la Motte-Haber (Hrsg.), *Musikpsychologie*, Jahrbuch der Deutschen Gesellschaft für Musikpsychologie, Bd. 14, *Wahrnehmung und Rezeption*, Hogrefe, Göttingen, Bern, Toronto und Seattle, 1999, S. 46f.

114 Donald E. Hall, *Musikalische Akustik. Ein Handbuch*, Schott, Mainz, 1997, S.319f.

115 db deutsche bauzeitung, 07/2011, Schwerpunkt: *In Würde altern*.

116 Birgit Dietz, *Demenzgerechte Planung für Akutkrankenhäuser*, in: *Barrierefreie Bau- und Wohnkonzepte*, Forum Verlag, Merching, 2011.

117 Gesine Marquardt und Axel Viehweger (Hrsg.), *Architek-*

tur für Menschen mit Demenz, Beiträge zur Tagung am 22.05.2014, Dresden, S. 55f.

118 Helga de la Motte-Haber, *Handbuch der Musikpsychologie,* Laaber, 1985, S. 194.

119 Gernot Böhme hat in seinem Vortrag im Rahmen von Healing Architecture + Communication, 5. Symposium über Gesundheitsbauten der Zukunft in Berlin, auf die klangliche Dimension einer gesunden Atmosphäre hingewiesen (Tagung 13. + 14. März 2014, Akademie der Künste, Berlin).

120 Erica E. Ryherd and Kerstin Persson Wayne, *Characterizing noise and perceived work environment in a neurological intensive care unit,* J. Acoust. Soc. Am, 123, (2), February 2008, 747.

121 Hesse und Laubert, a.a.O., A. 2867.

122 Vgl. Jean Piaget, *Das Erwachen der Intelligenz beim Kinde,* Genf, 1936/1959, Stuttgart, 1973.

123 Vgl. Konrad Mauer, David Prvulovic, in: Peter Hartwich, Arnd Barocka (Hrsg.), *Psychisch krank. Das Leiden unter Schwere und Dauer*, Sternfels, 2009.

124 Rudolf Arnheim, *Kunst und Sehen,* California, 1954, Berlin, 1978.

125 Konrad Mauer, David Prvulovic, a.a.O., S. 3.

126 Konrad Mauer, David Prvulovic, a.a.O., S. 4.

127 Gerhard Hesse und Armin Laubert, *Hörminderung im Alter – Ausprägung und Lokalisation,* Deutsches Ärzteblatt, Jg. 102., Heft 42, 21. Oktober, 2005, A 2864.

128 Hall, S. 389.

129 Hall, S. 402, Muster-Erkennungs-Theorie: „Die wichtigsten Elemente dieser Theorie scheinen folgende zu sein: 1. Die Reaktion der Basilarmembran mit Stellen maximaler Erregung, welche einen Code für die angeregten Frequenzen ergeben; 2. Die Verfeinerung oder Verschärfung dieser noch groben Information durch Prozesse, die noch kaum verstanden werden; 3. die Übertragung des Frequenzspektrums durch die Hörnerven zum Gehirn und 4. die Versuche des Gehirns, darin Muster zu erkennen, wobei dafür die Information von beiden Ohren benutzt wird. Diese werden ergänzt durch eine beschränkte Information über einzelne Schwellenwertmaxima, die durch das Muster der feuernden Nervenzellen übertragen werden."

130 Ebenda, S. 402.

131 Hesse und Laubert, a.a.O., A 2867.

132 Im Bereich medizinisch-sozialer Untersuchungen werden derzeit die neuropsychologischen Tests (CERAD-NP) verwendet, die als standardisierte Verfahren noch ohne die Testung akustischer Kompetenzen arbeiten. An dem Forschungsfeld wird derzeit am MRI und der TUM in München (2015/2016) gearbeitet, um diesen Aspekt künftig entsprechend abbilden zu können.

133 Martha Brech, *Rauschen: Zwischen Störung und Information,* in: Christian Scheib (Hrsg.), *das rauschen, Aufsätze zu einem Themenschwerpunkt im Rahmen des Festivals musikprotokoll '95 im steirischen Herbst,* Wolke Verlag, Hofheim 1995. S. 99f.

134 Hall, S. 389.

135 Hermann Haken, *Konzepte und Modellvorstellungen der Synergetik zum Gedächtnis,* in: Siegfried J. Schmidt (Hrsg.), *Gedächtnis. Probleme und Perspektiven der interdisziplinären Gedächtnisforschung,* stw, Frankfurt am Main, 1991, S. 190: „Es ist wohl nicht übertrieben zu sagen, dass unsere heutige Erkenntnis über die materiellen Grundlagen des Gedächtnisses bei Mensch und Tier noch weitgehend im Dunkeln liegen."

136 Siegfried J. Schmidt, *Gedächtnisforschung: Positionen, Probleme, Perspektiven,* in: Ders. (Hrsg.) *Gedächtnis. Probleme und Perspektiven der interdisziplinären Gedächtnisforschung,* stw, Frankfurt am Main, 1991, S. 12.

137 Ernst Flory, *Gehirn und Zeit,* in: Siegfried J. Schmidt (Hrsg.), a.a.O., 1991, S.175

138 Gerhard Roth, *Die Konstruktion von Bedeutung im Gehirn*, in: Siegfried J. Schmidt, (Hrsg.) *Gedächtnis. Probleme und Perspektiven der interdisziplinären Gedächtnisforschung,* stw, Frankfurt am Main, 1991, S. 366.

139 Ebenda, S. 362.

140 Singer, S. 97.

141 Wolf Singer, *Die Entwicklung kognitiver Strukturen – ein selbstreferentieller Lernprozess,* in: Siegfried J. Schmidt (Hrsg.), *Gedächtnis. Probleme und Perspektiven der interdisziplinären Gedächtnisforschung,* stw, Frankfurt am Main, 1991, S. 110.

142 Dirk Baecker, *Überlegungen zur Form des Gedächtnisses,* in: Siegfried J. Schmidt, (Hrsg.) *Gedächtnis. Probleme und*

Perspektiven der interdisziplinären Gedächtnisforschung, stw, Frankfurt am Main, 1991, S. 355.

143 Ebenda, S. 357.

144 Feddersen, *Raumverloren,* a.a.O., 2015: „Behaglichkeit ist ein umfassender seelischer Zustand, der den Raum als einen Faktor unter mehreren braucht. Ähnlich verhält es sich mit dem Wunsch nach sozialen Kontakten und Austausch. Auch hier geht der Mensch auf der Suche nach Gespräch und Zuneigung aus einem ihm vertrauten Raum heraus, öffnet sich der Gesellschaft anderer, macht sich dadurch angreifbar, ist aber glücklich, aus der Einsamkeit seines Ichs heraustreten zu können." S. 19.

145 O. Neumann, Art. *Gedächtnisspanne,* in: Joachim Ritter (Hrsg.), *Historisches Wörterbuch der Philosophie,* Schwabe & Co Verlag, Basel und Stuttgart, 1974, Bd. 3, Sp. 42.

146 Gebhard Rusch, *Erinnerung aus der Gegenwart,* in: Siegfried J. Schmidt (Hrsg.), 1991, a.a.O., S. 279.

147 Ebenda, S. 269.

148 Ebenda, S. 271.

149 Ebenda, S. 278.

150 H. Girndt, Art. *Handeln, soziales, in: Historisches Wörterbuch der Philosophie*, Bd. 3, a.a.O. Sp.994.

151 Emmanuel Lévinas, noch von den Kriegserinnerungen bestimmt, hielt am Collége Philosophique in Paris im Winter 1946 auf 1947 vier Vorlesungen: „In der Mühe, im Schmerz, im Leiden finden wir in reinem Zustand die Endgültigkeit wieder, die die Tragödie der Einsamkeit darstellt. (…) Es gibt im Leiden eine Abwesenheit jeder Zuflucht." (Emmanuel Lévinas, *Die Zeit und der Andere,* Felix Meiner Verlag, Hamburg, 1984.) Damit umschrieben wird der Kern eines positiv gestalteten Wohnens, das eben Geborgenheit gibt, die durch Erinnerung, Ansprache und sinnliche Erlebnisse vor Einsamkeit bewahrt und die im Gespräch als ein Erlebnis feiert. Lévinas wusste: „Alles Sprechen ist ein Rätsel. Gewiss richtet es sich in der Ordnung der Bedeutungen ein und bewegt sich in ihr, in einer Ordnung, die den Gesprächsteilnehmern gemeinsam ist, in einer Sprache. […] Aber hinter dieser Erneuerung [Selbstvergewisserung durch den Anderen], die das kulturelle Leben ausmacht, steht das Sagen, d.h. das Antlitz." (Emmanuel Lévinas, *Die Spur des Anderen. Untersuchungen zur Phänomenologie und Sozialphilosophie,* Verlag Karl Albert, Freiburg und München, 1983, S. 252.) Die Nähe des Menschen wird zur Grundlage einer Erfahrung, die keine Alternative kennt.

152 Gesine Marquardt, Katrin Büter und Tom Motzek, *Architektur für Menschen mit Demenz in stationären Altenpflegeeinrichtungen – Eine evidenzbasierte Übersicht,* in: *Architektur für Menschen mit Demenz,* 2014, S. 53.

153 Gudrun Kaiser, *Vom Pflegeheim zur Hausgemeinschaft*, Kuratorium Deutsche Altershilfe, 2002, S. 8.

154 Gronemeyer, a.a.O., 2013, 225f.

155 Kaiser, S. 3.

156 Kaiser, S. 4.

157 Kaiser, S. 4.

158 Oswald et Al, *Hier will ich wohnen bleiben,* BHF-Bank-Stiftung, Frankfurt am Main, 2013, S. 6.

159 Gronemeyer, a.a.O., 2013, S. 257.

160 Gronemeyer, a.a.O., 2013, S. 258.

161 Stiftung Warentest, Berlin, *Demenz, Hilfe für Alzheimerkranke und ihre Angehörigen,* Berlin, 2013, S. 10.

162 Kelly Ketch, *Helfende Architektur. Nach dem Zwei-Sinne-Prinzip,* CAR€ Invest, 23/13, S. 8f.

163 Juhnai Pallasmaa, *The eyes of the skin,* John Wiley & Sons, West Sussex, 2005.

164 G. Marquardt, *Architektur für Menschen mit Demenz,* Gesine Marquardt und Axel Viehweger, Beiträge zur Tagung, Dresden, 2014, S. 53.

165 G. Marquardt, *Architektur für Menschen mit Demenz,* Gesine Marquardt und Axel Viehweger, Beiträge zur Tagung, Dresden, a.a.O., 2014, S. 51.

166 Beate Radzey, Lebenswelt Pflegeheim. *Eine Nutzerorientierte Bewertung von Pflegeheimbauten für Menschen mit Demenz,* Mabuse-Verlag, Frankfurt am Main, 2014.

167 Vgl. *Veränderung Sensorischer Fähigkeiten im Erwachsenenalter*, S.162 in: http://www.emk.tu-darmstadt.de/~weissmantel/sensi/kap4.pdf

168 Db deutsche bauzeitung, Schwerpunkt: In Würde Altern, 07, 2011.

169 Gesine Marquardt und Axel Viehweger (Hg.) *Architektur für Menschen mit Demenz,* Beiträge zur Tagung am 22.5. 2014, Dresden 2014, S. 55f.

170 Bollnow, a.a.O., S. 277.
171 Rudolf Arnheim, *Kunst und Sehen, Eine Psychologie des schöpferischen Auges*, Verlag Walter de Gruyter, Berlin und New York, 1978.
172 Helga de la Motte-Haber, *Handbuch der Musikpsychologie*, Laaber 1985, S. 194.
173 Ulrike Karrer, *Entspannung durch Musik-Entspannungskassetten? Physiologische Befunde und ihre Aussage,* in: Klaus-Ernst Behne, Günter Kleinen, Helga de la Motte-Haber (Hrsg.), Musikpsychologie, Jahrbuch der Deutschen Gesellschaft für Musikpsychologie, Bd 14, *Wahrnehmung und Rezeption,* Hogrefe, Göttigen, Bern, Toronto, Seattle, 1999, S. 46f.
174 Gebhardt, S. 208.
175 Christine Gebhardt, *Hören im Hirn. Wirksamkeit der auditiven Differenzierungsfähigkeit bei Schwerhörigen im Alter,* Freiburg i. Br., 2006, S. 213.
176 Herman van Dyck, *Nicht so – sondern so. Kleiner Ratgeber im Umgang mit blinden Menschen,* dt. Blindenverband e.V., Berlin, 2004.
177 Gebhardt, S. 212.
178 Gebhardt, S. 216.
179 Emk-tu-darmstadt.de/Weissmantel Kap. 4.
180 Gebhardt, S. 216.
181 Tatjana Szalkau, *Sensorische Präferenzen bei älteren Menschen – Neuere Tendenzen in der Kunstvermittlung,* BA-Arbeit, betreut von Christoph Metzger, HBK Braunschweig, September 2014.
182 Szalkau, a, a, O., S. 7.
183 Stiftung Warentest, *Demenz*, a.a.O., S. 152f. weist auf die Wechselwirkung von Medikamenten und sauren Getränken wie Grapefruitsaft hin, ebenso ist Mineralwasser für Demenzkranke nicht geeignet, da es zum Verschlucken führt. Süße Getränke wie Birnen-, Bananen- oder Multivitaminsäfte sind geeignet.
184 http://www.emk.tu-darmstadt.de/~weissmantel/sensi/kap4.pdf
185 Vgl. Stiftung Warentest, a.a.O., S. 155.
186 Stiftung Warentest, Demenz, *Hilfe für Alzheimerkranke und ihre Angehörigen,* a.a.O., S. 168.
187 Ilse Copak, *Von der Außenanlage zum Nutzgarten für Menschen mit Demenz,* Alexianer-Krankenhaus, Münster, a.a.O., S. 2.
188 Gernot Böhme, *Architektur und Atmosphäre,* Fink-Verlag, München 2006.
189 Bettina Weiguny im Gespräch mit Ahti Heilna, *Bald kauft der Roboter für Sie ein,* FAZ, Sonntagszeitung, 8. November 2015, Nr. 45, S. 29.
190 Die Bundesregierung hat in der Vergangenheit eine Reihe von Förderprogrammen aufgelegt, die besonders von der Deutschen Telekom genutzt und weiterentwickelt wurden.
191 Alexandra Brylok, *Wohnen mit Demenz,* in: Gesine Marquardt und Axel Viehweger (Hrsg.), *Architektur für Menschen mit Demenz,* a.a.O., S. 92.
192 Ebenda, S. 61.
193 „Bislang gibt es eine Vielzahl heterogener Standards, wie z.B. KNX, Z-Wave, ZigBee oder das allgemeine WLAN-Netz, welche von den Haustechnikherstellern verwendet werden." *Baubranche aktuell, Status quo, Prognosen und die Erwartungen an Smart Home,* S. 17, www.pwc.de/managementberatung-strategy, Zugriff am 2.11.2015.
194 Ebenda, S. 11.
195 Ebenda, S. 15.
196 Franziska Eidner und Nadin Heinich, *Sensing Space – Technologien für Architekturen der Zukunft,* Jovis, Berlin, 2009, S. 60.
197 Jürgen Hoffmann, *Der Kühlschrank als Kommunikator. Intelligente Häuser,* Der Tagesspiegel, Nr. 22 456, 11. Juli 2015, S.16.
198 Franziska Eidner und Nadin Heinich, *Sensing Space – Technologien für Architekturen der Zukunft,* Jovis, Berlin, 2009, S. 62.
199 Ebenda, S.64.
200 Ebenda, S. 144.
201 Ebenda, S. 146.
202 Garuth Chalfront, *Die Kraft der Natur und des Außenbereichs: Architektur. Natur und Menschen,* in: Gesine Marquardt und Axel Viehweger (Hrsg.), *Architektur für Menschen mit Demenz,* a.a.O., 78.
203 Christoph Metzger, *Architektur und Resonanz,* Jovis, Berlin 2015, S. 105ff.
204 Bürgerverein Hansaviertel e.V., *Hansaviertel Berlin kompakt, Architekturführer zur Interbau 57,* Berlin 2015, S.65.
205 Ortwin Reichold, *Ich baue. Der Architekt Alvar Aalto in Wolfsburg. Das Ausstellungs- und Veranstaltungs-projekt im Alvar-Aalto-Kulturkaufhaus,* in: Klaus-Jörg Siegfried (Hrsg.), Stadt Wolfsburg. Institut für Museen- und Stadtgeschichte, Ausstellung der Stadt Wolfsburg Institut für Museen- und Stadtgeschichte im Alvar-Aalto-Kulturhaus vom 20. Mai bis 27. Oktober 2000, Stadt Wolfsburg, 2000, S. 9.
206 Marquardt, a.a.O., 2007, S. 113.
207 Erik Satie, *Schriften,* hrsg. von Ornella Volta aus dem Französischen von Silke Hass, Wolke Verlag, Hofheim, 1988, S. 31.
208 So wurde von Gesine Marquardt in einer empirischen Studie nachgewiesen, dass bauliche Parameter einen signifikanten Einfluss auf das Orientierungsvermögen älterer Menschen haben. Betont werden in ihrer Studie horizontale und vertikale Erschließungen von Gebäuden in Verbindung mit relevanten Sichtachsen. Weitere sensorische Qualitäten werden eher am Rande erwähnt, deren Bedeutung noch zu erforschen ist.
209 *Fundamentals catalog,* 14. Mostra Internationale di Architettura, (Hrsg.) La Biennale di Venezia, 2014, S. 211
210 Leon Battista Alberti, *Zehn Bücher über die Baukunst,* übersetzt von Max Theuer, Wissenschaftliche Buchgesellschaft Darmstadt, 1975, S. 386.
211 Marquardt, a.a.O., 2007, S. 117.
212 Marquardt, a.a.O., 2007, S. 109.
213 Marquardt, a.a.O., 2007, S. 123.
214 Marquardt, a.a.O., 2007, S. 100.
215 Ebenda, S. 99.
216 Frank Oswald et al., im Auftrag der BHF-Bank-Stiftung. *Hier will ich wohnen bleiben! Ergebnisse eines Frankfurter Forschungsprojekts zur Bedeutung des Wohnens in der Nachbarschaft für gesundes Wohnen,* Frankfurt am Main, 2013.
217 Ebenda, S. 49.
218 Leon Battista Alberti, *Zehn Bücher über die Baukunst,* übersetzt Max Theuer, Wissenschaftliche Buchgesellschaft Darmstadt, 1975, S. 473.
219 Alberti, a.a.O., S. 473ff.
220 Ebenda, S. 164.
221 Theodor Lipps, *Ästhetik. Psychologie des Schönen und der Kunst,* Hamburg und Leipzig, S. 402.
222 John P. Eberhard, *Brain Landscape. The Coexistence of Neuroscience and Architecture,* Oxford University Press, 2009.
223 Harry Francis Mallgrave, *Architecture and Embodiement. The Implications of the New Sciences and Humanities of Design,* Tayler & Francis, Oxford, UK, 2013.
224 Lipps, S. 402.
225 Palladio, *Die vier Bücher zur Architektur,* a.a.O., S. 136.
226 Ebenda, S. 143.
227 Ebenda, S. 144.
228 Ebenda, S. 161.
229 Aurelio Antonio Belfiore, et al., *Il duomo de Monreale, Architettura di luce e icona,* Salvare Palermo, 2009.
230 Rainer Straub, *Die singenden Steine von Monreale: Über die Geheimnisse des sizilianischen Kreuzgangs.* Verlag Anton Pustet, Salzburg, 2012.
231 Reimer Gronemeyer, *Das 4. Lebensalter. Demenz ist keine Krankheit,* Pattloch-Verlag, München, 2013.
232 Marquardt, *Architektur für Menschen mit Demenz,* Dresden, 2014, S. 62.
233 C. Becker und Thomas Klie, *Abschlussbericht zum Modellvorhaben. Reduktion von körpernaher Fixierung bei demenzerkrankten Heimbewohnern,* Robert Bosch Gesellschaft für medizinische Forschung, Kontaktstelle für praxisorientierte Forschung an der Evangelischen Fachhochschule Freiburg, Titel 684 32 (2004): „Derzeit werden zwischen 5–10 % der Heimbewohner in Deutschland gurtfixiert (Klie 2003, Becker 2003). Darüber hinaus werden bei 20–30 % der Bewohner andere Bewegungseinschränkungen angewandt (Klie, 2003). Ist die Entscheidung über die Anwendung von bewegungseinschränkenden Maßnahmen (BEM) erst gefallen, werden sie zumeist längerfristig und dauerhaft über viele Stunden durchgeführt." S. 5.
234 Petra Koczy, Thomas Klie et al., *Effectiveness of Multifactorial Intervention to Reduce Physical Restrains in Nursing Home Residents,* The American Geriatrics Society, JAGS; 59, 333-339, 2011.
235 Reimer Gronemeyer, a.a.O., 2013, S. 138.
236 So Gronemeyer, a.a.O., 2013, „Es fehlt den Alten ein Platz

in der Gesellschaft. Der Platz, den sehr alte Menschen in der Gesellschaft hatten, war keineswegs immer gemütlich: Da konnte geehrt werden, verlacht, misshandelt getötet, ausgesetzt werden. Aber nie haben die alten Menschen dieses Schicksal gehabt: zu einem Massenphänomen zu werden. […] Als Kostgänger und zugleich Humanmaterial für eine Milliardenversorgungsindustrie." S. 139.

237 Förderungen durch die Robert Bosch Stiftung sowie die Robert Bosch Gesellschaft für medizinische Forschung (RMMF) unterstützen in herausragender Weise die Analyse und Aufarbeitung im Gerontologie und Pflege sowie der Alzheimer Forschung.

238 Gronemeyer, a.a.O., 2013, S. 200.

239 Gronemeyer, a.a.O., 2013, S. 140.

240 Eckart Altenmüller, a.a.O., N2.

241 Oswald et Al. *Hier will ich wohnen bleiben,* BHF – Bank – Stiftung, 2013. S. 3f.

242 Ebenda, S. 5f.

243 Ebenda, S. 8f.

244 Gronemeyer, 2013, a.a.O., S.135f

245 Oswald et al. a.a.O., S. 11.

246 Derzeit sind 32 Häuser bundesweit, mit Schwerpunkt auf Südwest-Deutschland zu verzeichnen.

247 Das Nikodemus-Werk-Qualitätssiegel wurde 2005 eingeführt, um ein „internes Qualitätsmanagement- verfahren zu praktizieren, das den einschlägigen Bestimmungen (bis hin zu der internationalen Norm DIN ISO 9001) entspricht und darüber hinaus nachweislich um eine Umsetzung von spirituellen anthroposophischen Impulsen in den Kernleistungsbereichen, insbesondere der Pflege, medizinischen Versorgung, Betreuung und Ernährung bemüht ist." Quelle: http://www.nikodemuswerk.de/qualitaet.html, Zugriff am 22.3.2016.

248 Palladio, *Die Vier Bücher zur Architektur,* a.a.O., S. 84.

249 Katharina Klose, *Die Bedeutung der anthroposophischen Architektur für Demenzkranke. Am Beispiel der Institution Aja's Gartenhaus,* Frankfurt am Main, BA-Arbeit betreut von Prof. Dr. Christoph Metzger, HBK, Braunschweig, unveröffentlicht, Sommer 2012, S. 15.

250 Gronemeyer, a.a.O., 2013, S. 279.

251 Ebenda, S. 268f.

252 Ebenda, S.260.

253 Selbst die führende Reader von Kate Nesbitt, *Theorizing Architecture. A New Agenda for Architecture. A New Anthology of Architectural Theory 1965–1995,* Princeton Architectural Press, New York, 1996, bietet weder Texte noch Verweise auf jene Politik der Ausgrenzung, die von Gebäuden ausgeht.

254 Bianca Mattern, *Montessori für Senioren,* Bd. 2. *Einführung in die Arbeit mit Hochaltrigen,* Norderstedt, 2008.

255 Rudolf Steiner, *Die Stufen der höheren Erkenntnis,* Rudolf Steiner Verlag, Dornach, Schweiz, 1979, S. 33.

256 Michel Foucault, *Überwachen und Strafen,* Frankfurt am Main, 1977.

257 Michel Foucault, *Die Gesundheitspolitik im 18. Jahrhundert,* in: Ders., *Schriften in vier Bänden,* Bd. III., hrsg. von Daniel Defert et. al., suhrkamp, Frankfurt am Main, 2003, S. 27.

258 Ebenda, S. 32f.

259 Michel Foucault, *Krise der Medizin oder Krise der Antimedizin,* in: Ders. *Schriften in vier Bänden,* Bd. III., hrsg. von Daniel Defert et. al., suhrkamp, Frankfurt am Main, 2003, S. 57.

260 Michel Foucault, *Die Gesundheitspolitik im 18. Jahrhundert,* a.a.O., S. 32.

261 Michael Knobel, Ltg. des Hauses, im Gespräch mit Christoph Metzger im April 2011, unveröffentlicher Mitschnitt, hat das Kunstprojekt, Stine Hollmann, Plazenta, *Vom Ursprung des Hörens,* (2011) im Park des Hauses ermöglicht.

262 Christoph Metzger, *Architektur und Resonanz,* Jovis, Berlin, 2015, S. 62ff.

263 Gesine Marquardt, a.a.O., 2014, S. 64.

264 So beschreibt Bachelard: „Ich allein vermag in meinen Erinnerungen, aus einem anderen Jahrhundert, den tiefen Wandschrank zu öffnen, der für mich allein noch seinen einzigartigen Duft bewahrt hat, den Duft von Trauben, die auf einem Holzrost trocknen. Der Duft von Trauben!" *Poetik des Hauses,* a.a.O., S. 46.

265 Jules Michelet, *Das Meer,* Frankfurt am Main, 1987.

266 Reimer Gronemeyer, *Das 4. Lebensalter. Demenz ist keine Krankheit,* Pattloch-Verlag, München 2013.

267 Gaston Bachelard, *Poetik des Hauses,* a.a.O., S. 48.

268 Ebenda, S. 49.

269 Steiner, a.a.O., S. 25.

270 Gesine Marquardt, *Architektur und Demenz,* Dresden, a.a.O., S. 64.

271 Bollnow, a.a.O., S. 294.

272 Bachelard, a.a.O., S. 40.

273 Bollnow, a.a.O., S. 306ff.

274 Bollnow, a.a.O., S. 397.

275 Die Unterscheidung zwischen Körper und Leib wird an dieser Stelle nicht geführt, da sie in der Begriffsgeschichte eine Tradition von der Antike bis in die Moderne hat. Vgl. Art. *Körper und Leib,* in: *Historisches Wörterbuch der Philosophie,* a.a.O., 1980, Bd. 5, Sp. 174ff.

276 Peter Zumthor nähert sich mit dem Begriff der Atmosphäre diesem Themenfeld an.

277 Gronemeyer, a.a.O., 2013, S. 213f.

278 Bachelard, a.a.O., S. 41.

279 Steiner, „Will man durchaus mit dieser Welt etwas Sinnliches vergleichen, so kann nur die Tonwelt des Hörens zu einem solchen Vergleiche herangezogen werden. Aber nicht mit den Tönen wie in der sinnlichen Musik hat man es zu tun, sondern mit den rein geistigen Tönen. Man beginnt zu hören, was im Inneren der Dinge vorgeht. Der Stein, die Pflanze werden zu geistigen Wesen." a.a.O., S. 21.

280 Vgl. Lutz Jäncke, *Macht Musik schlau? Neue Erkenntnisse aus den Neurowissenschaften und der kognitiven Psychologie,* Verlag Hans Huber, Bern, 2008.

281 Martin Lövdén, *Die Welt im Kopf –Altern mit Köpfchen,* 1/2007 Max Planck Forschung, S. 40.

282 Nach Lövdén ist noch nicht geklärt, wie die Leistungsfähigkeit im Detail verbessert wird: „Denn darüber, ob die Hirnzellen besser vernetzt oder sich neue Neuronen bilden, gibt auch das Metaboliten-Mapping mittels Magnetresonanzspektroskopie keinen Aufschluss." a.a.O., S. 41.

283 Seminarskript, Professor Dr. Lutz Jäncke, Universität Zürich, *Lernen ein Leben lang – die Plastizität des Gehirns,* unveröffentlicht.

284 Eckart Altenmüller, *Musik ist das Brot unseres Geistes – nicht nur die schönste Nebensache der Welt,* FAZ, 19.11.2014, Nr. 269, N 2.

285 Lövdén, a.a.O., S. 42.

286 Eckart Altenmüller, *Musik ist das Brot unseres Geistes – nicht nur die schönste Nebensache der Welt,* FAZ, 19.11.2014, Nr. 269, N 2.

287 Ebenda, N 2.

288 Forschungsperspektiven der Max-Plank-Gesellschaft, *Neuronale Plastizität, Das Formbare Gehirn,* 201, S. 50

289 Eckart Altenmüller, a.a.O., N 2

290 Ebenda, N 2.

291 Bachelard, a.a.O., S. 58ff.

292 Altenmüller, a.a.O., N 2.

293 Ebenda.

294 Ebenda.

295 Bollnow, a.a.O., S. 231.

296 Altenmüller, a.a.O., N 2.

297 Ebenda, S. 131.

298 Philip Bethge, *Die Musik-Formel,* Der Spiegel, 31/ 2003, S. 131.

299 Altenmüller, a.a.O., S. 131.

300 Bethge bezieht sich hier auf den Leipziger Psychologen Stefan Kölsch, S. 133.

301 Ebenda, S. 139.

302 Bachelard, a.a.O., S. 60.

303 Bachelard, a.a.O., S. 60.

304 Bethge, S. 139.

Bildlegende

Bildnachweise mit besonderem Dank an:

Nr. 1 und 2, Inez Raatzke

Nr. 3–5, 16, 28, 33, 39, 58, Ulrich Eller, VG Bild-Kunst

Nr. 25 und 26, Wehrfritz

Nr. 44, Bruce Nauman, VG Bild-Kunst, aus: Coosje van Bruggen: Bruce Naumann, Rizzoli, New York, 1988, oben: S. 84, Collection J. W. Froehlich, Stuttgart, Mitte links: S. 85, Konrad Fischer, Düsseldorf, Mitte rechts und unten: S. 85, Collection Annick und Anton Herbert, Gent, Belgien

Nr. 41, 42, Alvar Aalto, aus: Holger Pump-Uhlmann (et. al.): Ich baue. Der Architekt Alvar Aalto in Wolfsburg, Joh. Heinr. Meyer, 2000, S. 67 (Alvar-Aalto-Archiv, Stadt Wolfsburg), S. 103 (Foto: Jutta Brüdern, 2000) und S. 102 (Foto: Romy Rohde, 1965)

Nr. 43, Alvar Aalto, aus: Hansaviertel Berlin kompakt. Architekturführer zur Interbau 57, Bürgerverein Hansaviertel e.V., Berlin, 2015, oben: S. 64 (Ulrich Greiner), unten: S. 65 (Interbau Berlin 57, Wiederaufbau Hansaviertel Berlin)

Nr. 48, Klosteranlage Monreale, aus: Alessandro Di Bennardo (et. al.): Il duomo di Monreale. Architettura di luce e icona, Abadir, 2009, S. 136/137

Nr. 49 und 50, Gerhart-Hauptmann-Haus, Hiddensee

Nr. 52, Bernhard Kaiser, Frankfurt am Main

Nr. 53, 56, 57, 59, 60, Aja's Gartenhaus, Frankfurt am Main, Foto: Michael Himpel, Frankfurt am Main

Nr. 61, Alvin Lucier, aus: *klangkunst*. sonambiente, festival für hören und sehen, Berlin, Akademie der Künste, Prestel, 1996 (Foto Phil Makanna)

Alle weiteren Fotografien von Christoph Metzger

Gestaltung und Satz: jovis Verlag: Susanne Rösler
Lithografie: Bild1Druck, Berlin
Druck und Bindung: Graspo CZ, a.s., Zlín

Bibliografische Information der Deutschen Nationalbibliothek
Die Deutsche Nationalbibliothek verzeichnet diese Publikation in der Deutschen Nationalbibliografie; detaillierte bibliografische Daten sind im Internet über http://dnb.d-nb.de abrufbar.

jovis Verlag GmbH
Kurfürstenstraße 15/16
10785 Berlin

www.jovis.de

jovis-Bücher sind weltweit im ausgewählten Buchhandel erhältlich. Informationen zu unserem internationalen Vertrieb erhalten Sie von Ihrem Buchhändler oder unter www.jovis.de.

ISBN 978-3-86859-389-1